essentials

essentials liefern aktuelles Wissen in konzentrierter Form. Die Essenz dessen, worauf es als „State-of-the-Art" in der gegenwärtigen Fachdiskussion oder in der Praxis ankommt. *essentials* informieren schnell, unkompliziert und verständlich

- als Einführung in ein aktuelles Thema aus Ihrem Fachgebiet
- als Einstieg in ein für Sie noch unbekanntes Themenfeld
- als Einblick, um zum Thema mitreden zu können

Die Bücher in elektronischer und gedruckter Form bringen das Fachwissen von Springerautor*innen kompakt zur Darstellung. Sie sind besonders für die Nutzung als eBook auf Tablet-PCs, eBook-Readern und Smartphones geeignet. *essentials* sind Wissensbausteine aus den Wirtschafts-, Sozial- und Geisteswissenschaften, aus Technik und Naturwissenschaften sowie aus Medizin, Psychologie und Gesundheitsberufen. Von renommierten Autor*innen aller Springer-Verlagsmarken.

Peter Kinne · Jürgen Kopfmüller ·
Jan Reisener · Hans Strikwerda

Organisationen als Transformationsbeschleuniger

Die produktive Allianz von
Nachhaltigkeit, Resilienz, Systems-
und Design-Thinking

 Springer Gabler

Peter Kinne
Meerbusch, Deutschland

Jan Reisener
Neuss, Deutschland

Jürgen Kopfmüller
Walldorf, Deutschland

Hans Strikwerda
Eindhoven, Niederlande

ISSN 2197-6708   ISSN 2197-6716   (electronic)
essentials
ISBN 978-3-662-65529-0   ISBN 978-3-662-65530-6   (eBook)
https://doi.org/10.1007/978-3-662-65530-6

Die Deutsche Nationalbibliothek verzeichnet diese Publikation in der Deutschen Nationalbibliografie; detaillierte bibliografische Daten sind im Internet über http://dnb.d-nb.de abrufbar.

Planung/Lektorat: Christine Sheppard
Springer Gabler ist ein Imprint der eingetragenen Gesellschaft Springer-Verlag GmbH, DE und ist ein Teil von Springer Nature.
Die Anschrift der Gesellschaft ist: Heidelberger Platz 3, 14197 Berlin, Germany

Was Sie in diesem *essential* finden können

- Brennpunkte nachhaltiger Entwicklung
- Einblick in die Theorie resilienter Systeme
- Herausforderungen für Organisationen im 21. Jahrhundert
- Vorzüge von Design Thinking
- Integrative Methode zur Entwicklung nachhaltiger Organisationen

Vorwort

Die „Große Transformation" hin zu einer nachhaltigen, an den Prinzipien von Gerechtigkeit und Zukunftsverantwortung orientierten Entwicklung der Weltgemeinschaft klemmt. Vor zehn Jahren vom Wissenschaftlichen Beirat für Globale Umweltveränderungen (WBGU) in einer weltweit beachteten Stellungnahme gefordert, scheint sie heute festgefahren im Getriebe alltäglicher Routinen und Gewohnheiten, wirtschaftlicher Interessen und (vermeintlicher?) realpolitischer Zwänge. Nicht dass nichts passieren würde, im Gegenteil: viele Akteure engagieren sich in ihrem Umfeld, in Unternehmen und auch in der Politik. Ohne Zweifel tragen sie zu Bewusstseinswandel, Verhaltensänderungen und zum notwendigen Umsteuern bei. Aber reicht das angesichts der riesigen vor uns liegenden Herausforderungen?

Die aktuelle Weltlage wird von Krisen bestimmt. Hitze und Dürreperioden in bislang gemäßigten Breiten, Waldbrände von historischem Ausmaß und Jahrtausendüberschwemmungen sind die Alarmzeichen, unübersehbar nun auch für die letzten Verharmloser. Der Klimawandel beschleunigt sich, von einem IPCC Report zum nächsten werden die Szenarien düsterer. Die Pandemie mit negativen Folgen gerade auch für die Schwächsten, vor allem in den Entwicklungsländern, soziale Verwerfungen, Flüchtlingsbewegungen und die Krise vieler westlicher Demokratien stimmen nicht optimistisch. Eine neue Dimension der Bedrohung hat der Angriff Russlands auf die Ukraine geschaffen. Er hat eine geopolitische Ordnung zerstört, die auf friedlichem Miteinander souveräner Staaten beruhte. Vor diesem Hintergrund ist die „Große Transformation" hin zu einer nachhaltigeren Entwicklung heute, fast dreißig Jahre nach dem fulminanten Weltgipfel von Rio, dringender denn je.

Diese Situation bildet den Kontext des vorliegenden Buches. Der Titel ist Programm: die Transformation muss dringend beschleunigt werden. Die Autoren legen Ideen und Vorschläge vor, wie das Schiff der Transformation flott gemacht werden kann. Es geht sowohl konzeptionell als auch ganz praktisch um Handeln und Gestalten, Intervention und Engagement für nachhaltige Entwicklung, um Systems- und Design Thinking *in* und das Design *von* Organisationen. Um das Anfachen bloßer Strohfeuer zu verhindern – davon gab und gibt es genug – denken sie deren Resilienz gleich mit. Das setzt Anreize für Transformation im wohlverstandenen Eigeninteresse, bietet Organisationen aber gleichzeitig die Chance, Impulsgeber für andere zu werden. Bei ihren Überlegungen beziehen die Autoren Anforderungen der „Wissensökonomie", menschliches Verhalten und den Synergiebedarf zwischen vermeintlichen Gegensätzen ein. Damit bringt das Buch originelle Vorstöße und neuen Schwung in die Debatte und – das ist ihm dringend zu wünschen – in die immer noch schwächelnde Transformation ein. Daher wünsche ich dem Buch, dass es dorthin seinen Weg findet, wo es dringend benötigt wird: in die gesellschaftliche und organisationale Praxis.

Karlsruhe   Armin Grunwald
März 2022

Inhaltsverzeichnis

Einleitung

1

Nachhaltigkeit bezeichnet Zustände von Dauer, Resilienz macht sie dauerhaft. Systems Thinking klärt Zusammenhänge, und Design Thinking macht sowohl Resilienz als auch Nachhaltigkeit realisierbar. So kann man den Zusammenhang von Themen beschreiben, die selten in Zusammenhang gebracht werden, weil schon jedes für sich mit Leidenschaft in Wissenschaft und Praxis diskutiert wird. Worum es dabei geht, was Organisationen damit zu tun haben und welche Synergieeffekte zu einer an Nachhaltigkeit orientierten Transformation unserer Gesellschaft beitragen, ist Thema dieser Arbeit. Dazu einige grundlegende Aspekte.

Das Thema Nachhaltigkeit betrifft existenzielle Fragen der Menschheit (Grunwald, 2016, 29). In einer zunehmend dynamischen, ungewissen, komplexen und ambivalenten Welt (dafür benutzte das United States Army War College nach Ende des kalten Krieges das Akronym VUCA) häufen sich massive „Störungen": „Heißer" Krieg in Europa, Corona-Pandemie, Flutkatastrophen, Finanzkrisen, Cyberattacken, Verbrechen im Namen der Religion, Populisten als Staatenlenker etc. Eine Störung mit Langzeitwirkung ist der Klimawandel, Symbol einer Fehlentwicklung im Umgang des Menschen mit der Natur, die mit der Industrialisierung unserer Gesellschaft begann und unsere natürliche Umwelt in einer Weise verändert, die das Leben darin unmöglich machen kann. In der „Vierten industriellen Revolution" fusioniert die biochemische mit der physikalischen und digitalen Domäne, eine *The winner-takes-it-all-Dynamik* zeichnet sich ab (Schwab, 2016, 8, 47). Die rasante Entwicklung der künstlichen Intelligenz stellt den künftigen Wert menschlicher Arbeit infrage.

Nachhaltigkeit ist zum Sehnsuchtsbegriff geworden: Immer mehr Menschen suchen nach neuen Gewissheiten, weil ihnen alte abhandengekommen sind. Weil Nachhaltigkeit ein Menschheitsthema ist, benötigt sie eine „großformatige" Definition. Die bietet der Leitsatz im Bericht der von den Vereinten Nationen im

P. Kinne et al., *Organisationen als Transformationsbeschleuniger*, essentials, https://doi.org/10.1007/978-3-662-65530-6_1

Jahr 1983 eingesetzten Brundtland-Kommission, zu dem sich die Vertreter der Nationen bekannt haben:

Eine Entwicklung ist nachhaltig, wenn sie die Bedürfnisse der heutigen Generationen erfüllt, ohne die Möglichkeit zukünftiger Generationen zu gefährden, die eigenen Bedürfnisse zu erfüllen. (The World Commission, 43)

Grunwald findet den Satz so genial wie als Rezept unbrauchbar. Er sagt nichts zu konkreten Inhalten, bietet aber denen Orientierung, die danach suchen, um den Leitsatz für die Umsetzung zu *operationalisieren* (Grunwald, 2015, 22). Dazu wurden nach der Veröffentlichung des Berichtes im Jahr 1987 unterschiedliche Ansätze entwickelt. Der gegenwärtig einflussreichste beinhaltet die im Jahr 2015 auf einem UN-Gipfel in New York beschlossenen *Sustainable Development Goals (SDGs),* auf die sich die Agenda 2030 der Vereinten Nationen bezieht.

Der Brundtland-Bericht adressiert die soziale, ökonomische und ökologische Dimension nachhaltiger Entwicklung und beschreibt die Herausforderungen beim Wachstum der Erdbevölkerung, Erhalt von Ökosystemen, bei Ernährung, Gesundheit, Bildung, Energiegewinnung, Industrie oder Urbanisierung. Betont wird die Bedeutung effektiver, internationaler Kooperation und die Notwendigkeit eines *institutional change* politischer, ökonomischer, technologischer, produzierender, administrativer und internationaler *Systeme* (WCED, 44–46, 65).

Drei Dinge werden hier sehr deutlich: Erstens ist nachhaltige Entwicklung eine Gestaltungsaufgabe und damit Gegenstand von *Design Thinking.* Zweitens müssen lebenspendende Funktionen von „Service-Providern" wie dem Ökosystem erhalten bleiben. Angesichts naturgefährdender Interventionen der Menschen im Laufe der Industrialisierung erfordert das die nötige *Resilienz* (Walker et al., 2002, 5). Und drittens steigert die Verschiedenartigkeit von Hintergründen, Bedürfnissen und Interessen der Akteure mit ihren unterschiedlichen Ressourcen, Einflussmöglichkeiten und Perspektiven auf nachhaltige Entwicklung die Komplexität des zu betrachtenden Systems. Schneidewind nimmt die moralisch-kulturelle Dimension nachhaltiger Entwicklung in den Blick und spricht von *Zukunftskunst* (Schneidewind, 2018, 41, 42).

Weil Komplexität Transformationsprozesse behindern kann, muss man sie handhabbar machen. Dieser Weg führt über Organisationen. Sie lassen sich leichter lenken als z. B. eine Stadtgesellschaft, eine Nation oder gar die Weltgemeinschaft, weil sie klar definierbare Zwecke erfüllen, Bedingungen für Mitgliedschaft stellen können und über irgendeine Form der Hierarchie verfügen (Kühl, 2011, 17). Sie verfügen zudem über das Potenzial, ihre Umgebung (dazu gehören auch andere Organisationen) so zu beeinflussen, dass ein, im positiven Sinne, „viraler Effekt" ausgelöst wird (Kinne, 2020, 111–113).

Organisationen sind soziale Systeme, die Störungen verkraften müssen, um Bedürfnisse längerfristig befriedigen zu können, denn dazu sind sie da. Dazu müssen sie ebenso resilient sein wie Ökosysteme, die durch menschlichen Einfluss zu *sozial-ökologischen Systemen* werden. Systemische Zustände, Ereignisse und Interdependenzen sind die Domäne von *Systems Thinking*. Und weil man Organisationen gestaltet, entfaltet Design Thinking (DT) da seine Wirkung. Das zweite Kapitel enthält grundlegende Aspekte nachhaltiger Entwicklung. Dazu gehört ein integrativer Ansatz ebenso wie die Darlegung von Konfliktzonen – bei Nachhaltigkeits-Dimensionen, im Spannungsfeld zwischen Theorie und Praxis, beim Wachstumsdiskurs. Kapitel drei beleuchtet die Rolle von Organisationen und ihr Potenzial, Transformationsbeschleuniger zu sein. In Kapitel vier geht es um Resilienz, einem wünschenswerten Zustand in Bereichen wie Materialkunde, Ingenieurswesen, Psychologie, Ökonomie, Ökologie etc. Mit ihrer Verankerung im Systemdenken eignen sich die Prinzipien der *sozial-ökologischen Resilienz* auch zur Beurteilung der *organisationalen Resilienz*. Sie werden durch Nachhaltigkeits-Prinzipien ergänzt und durch Prüfkriterien im „NEO-Haus" (NEO: Nachhaltige Entwicklung in Organisationen) messbar gemacht. Es bleibt jedoch die Frage, inwieweit die NEO-Kategorien und Kriterien auch den Herausforderungen gerecht werden, denen heutige Organisationen ausgesetzt sind. Zu ihrer Beantwortung wird in Kapitel fünf der Prüfhorizont um Phänomene erweitert, die man nicht sozial-*ökologischen* Dynamiken zuordnen kann, weil sie sozio-*ökonomische* Ursachen haben:

- Besonderheiten der heutigen Wissensökonomie und unterschiedlicher „Wissenstypen"
- Verhaltensmuster, die in einer VUCA-Welt *dysfunktional* sind
- Organisationale Balance-Anforderungen

Die Erörterung dieser Phänomene führt zu einer Art *Idealbild sozioökonomischen Organisationsdesigns*. Der Abgleich mit den NEO-Kategorien und -Kriterien liefert den Nachweis, dass das NEO-Haus auch den erweiterten Anforderungen gerecht wird.

In Kapitel sechs werden die Grundzüge von DT skizziert, dem Ansatz der Wahl zur Steigerung der Resilienz und Nachhaltigkeit von Organisationen. Organisationen, die den „NEO-Design-Prozess" unter fachkundiger Begleitung durchlaufen, können zu Transformationsbeschleunigern werden. Fazit und Ausblick beenden die Arbeit.

Im Sinne der Verständlichkeit des Textes wird als Oberbegriff für Personen in aller Regel das generische Maskulinum verwendet.

Sehnsuchtsbild Nachhaltigkeit 2

2.1 Ursprung, Motivation und Grundgedanken

Das Leitbild nachhaltiger Entwicklung ist in den vergangenen dreißig Jahren weltweit in Politik, Wissenschaft, Wirtschaft und Zivilgesellschaft zur zentralen Orientierung in der Frage geworden, wie sich die Menschheit künftig entwickeln soll und was hierfür zu tun ist. Damit einher gehen Ansprüche, Anforderungen, aber auch Herausforderungen, Kontroversen und Konflikte. Was sind die Grundpfeiler des Leitbilds? Welche Ansätze und Kontroversen begleiten seine Konkretisierung, welche Akteure spielen eine Rolle, und wie kann die Umsetzung gelingen?

Die Idee der Nachhaltigkeit ist kein Phänomen des 20. Jahrhunderts, sondern hat in Europa und insbesondere in Deutschland durchaus kulturhistorische Wurzeln. Bereits Anfang des 18. Jahrhunderts wurde der Begriff in der Forstwirtschaft genutzt (Grober, 2013). Jahrhunderte lange Intensivnutzung der Ressource Holz für Bergbau und Schiffbau sowie als Bau- und Brennstoff hatte zu bedrohlicher Holzknappheit geführt. 1713 veröffentlichte der sächsische Oberberghauptmann Carl von Carlowitz mit dem Buch „Sylvicultura Oeconomica" eine „haußwirthliche Nachricht und Naturmäßige Anweisung zur Wilden Baum-Zucht" und damit erstmals eine Art forstwirtschaftliche Richtlinie. Sie besagte, in heutigen Worten, dass in einem bestimmten Zeitraum nur so viel Holz geschlagen werden sollte, wie durch planmäßige Aufforstung nachwachsen konnte und legte damit den Grundstein für das auch heute praktizierte Prinzip der nachhaltigen Forstwirtschaft (von Carlowitz, 2012).

Ökonomisch ausgedrückt bedeutet dies, von den Zinsen des Kapitals (hier: vom Baumbestands*zuwachs*) zu leben, nicht vom Kapital selbst. Diese frühe Form des Vorsorgeprinzips diente der Erhaltung wirtschaftlicher und physischer

Lebensgrundlagen. Rund 250 Jahre blieb die Forstwirtschaft der einzige Bereich, in dem das Nachhaltigkeitsprinzip explizit angewendet wurde – in einem Teil der Waldfläche.

In den 1970er Jahren wurden negative ökologische und soziale Folgen der von fossilen Energien abhängigen Industrialisierungs- und Modernisierungsprozesse, von Urbanisierung, Kolonialisierung und konsumintensiven Lebensstilen erstmals einer breiteren Öffentlichkeit durch die Wissenschaft vermittelt. Die „Grenzen des Wachstums" des Club of Rome sind das bekannteste Beispiel. Erstmals wurden hier Phänomene beschrieben, die typisch sind für das geologische Zeitalter des „Anthropozän". Immer dringlichere globale Probleme wie Luftverschmutzung, Ressourcenknappheit, Bodenschädigung, Artensterben, extreme Einkommens- und Vermögensungleichheiten, Armut oder Defizite der Grundbildung waren Gegenstand internationaler Konferenzen und Programme und Anlass für die Einsetzung der Weltkommission für Umwelt und Entwicklung (Brundtland-Kommission) durch die Vereinten Nationen in den 1980er Jahren. Sie markiert den Beginn der „modernen" Debatte über nachhaltige Entwicklung, institutionalisiert und wesentlich vorangetrieben durch die UN-Konferenz für Umwelt und Entwicklung in Rio 1992, die dort verabschiedeten Rio-Dokumente und den sich daran anschließenden Rio-Folgeprozess.

Die oben erwähnte, bis heute gültige Definition nachhaltiger Entwicklung durch die Kommission enthält vier Grundgedanken:

1. ein ganzheitliches, an menschlichen Bedürfnissen ansetzendes, Umwelt- und Entwicklungsaspekte verbindendes Verständnis,
2. die Anwendung materieller wie prozeduraler Prinzipien der Gerechtigkeit bzw. Fairness innerhalb und zwischen den Generationen,
3. eine a priori globale Perspektive, aus der Anforderungen an die nationale und lokale Ebene abgleitet werden sowie
4. eine langfristige Perspektive, die zumindest über herkömmliche politische, an Legislaturperioden geknüpfte oder unternehmerische, in Jahres- oder Vierteljahresberichten getaktete Zeitskalen hinausgeht.

Aus diesem Fundament leitet sich eine *Ethik der Verantwortung der Weltgemeinschaft* ab, allen heute und zukünftig lebenden Menschen ein Leben in Würde zu ermöglichen und die Verfügbarkeit der hierfür nötigen natürlichen, wirtschaftlichen und sozialen Ressourcen und Güter sicherzustellen. Diese globale Gestaltungsaufgabe erfordert weitreichende Transformationen unserer heutigen Produktions- und Konsummuster, soweit sie natürliche Belastungsgrenzen sprengen und sozial oder ökonomisch nicht tragfähig sind. Sie erfordert aber auch Umgestaltungen von Institutionen wie z. B. dem Finanzsystem.

2.2 Kontroversen

Das „Sehnsuchtsbild Nachhaltigkeit" basiert nicht nur auf (Umwelt-) Problemen, sondern auch auf dem Bedarf nach Orientierung bei der Entwicklung unserer Gesellschaft schlechthin. Um die nötigen Transformationen umsetzen zu können, sind zum einen systematische Analysen von Problemen und ihren Ursachen notwendig, zum anderen die Operationalisierung des Leitbilds, die das Bezugssystem beschreibt und die Realisierung ermöglicht. Dazu müssen normative, strategische und operative Größen gefunden werden, mit Grundprinzipien, Kriterien, Indikatoren und Zielwerten, aber auch Strategien und Maßnahmen zur Zielerreichung und Lenkung des Umsetzungsprozesses.

Theorie und Praxis
Angesichts der Dringlichkeit der Probleme wird die heutige Nachhaltigkeitsdebatte von Umsetzungsfragen bestimmt. Auch Wissenschaftler suchen primär nach Beiträgen zur Realisierung nachhaltiger Entwicklung, jedoch mit divergierenden Einschätzungen, Bewertungen und Prioritäten, die auch auf unterschiedlichen theoretischen Grundlagen basieren. Nachhaltigkeitshandeln ist ohne (zumindest implizite) theoretische Annahmen kaum möglich, da es Vorstellungen von Bedeutungen, Konzepten und Methoden voraussetzt (Grunwald, 2016). Auch die Systematisierung und Kategorisierung ressourcenökonomischer, naturphilosophischer, sozialer, ethischer oder kultureller Aspekte ist Gegenstand theoretischer Reflexion.

Realisierungsdebatten enthalten somit Theorieanteile, etwa zur Frage, ob bzw. wie Gewichtungen zwischen den Dimensionen oder „Säulen" von nachhaltiger Entwicklung (ökologische, ökonomische, soziale, institutionelle usw.) vorgenommen werden sollen oder wie mit Zielkonflikten umzugehen ist. Ist das Leitbild universell, oder muss es fallspezifisch kontextualisiert werden? Wie ist der demokratietheoretische Konflikt zwischen Bewahrung und Einschränkung von Handlungsfreiheiten im Sinne der Verantwortung zu behandeln? Wie verhält sich Nachhaltigkeit zu Konzepten wie *Resilienz,* und inwieweit ist die Integration verschiedener Themen, Sektoren, Akteure oder Wissensbestände nötig und möglich?

Vor diesem Hintergrund wird verstärkt nach der Notwendigkeit und Möglichkeit einer übergreifenden Nachhaltigkeits-Theorie gefragt (z. B. Ekardt, 2011; Enders & Remig, 2013; Grunwald, 2016). Wirklich dringend erscheint jedoch die permanente Reflexion der normativen Grundlagen praktischer Nachhaltigkeitsarbeit, als „praxisbegleitende Theoriearbeit". Angesichts der Vielfalt möglicher Realisierungspfade soll sie Akteuren Orientierung bieten und zu besseren Entscheidungen führen. Die Komplexität der Materie zwingt zum Austausch zwischen Wissenschaft und Praxis, der auch dieser Arbeit zugrunde liegt.

Vor allem zwei Kontroversen sind bei der Operationalisierung und Realisierung des Leitbilds bis heute bereichs- bzw. themenübergreifend präsent: Kontroversen zur Rolle und Priorisierung von *Dimensionen* der Nachhaltigkeit und zum Verhältnis zwischen Nachhaltigkeit und ökonomischem Wachstum.

Dimensionen und IKoNE

In den 1980er- und 1990er Jahren lautete sowohl in der Wissenschaft als auch in politischen Strategieansätzen das Motto *Vorrang der Umweltdimension.* Man betonte die Grenzen der planetaren Belastbarkeit und daraus abzuleitende ökologische Leitplanken. Seit den 2000er Jahren dominieren mehrdimensionale Konzepte: Im Rio-Folgeprozess setzte sich die Erkenntnis durch, dass Priorisierungen einer Dimension dem Leitbild nicht gerecht werden. Der Grund: Problemlagen wie auch der Gerechtigkeitsbegriff und die Grundgüter, die für ein Leben in Würde essenziell sind und auf die heutige und kommende Generationen einen Anspruch haben[1], lassen sich nur begrenzt einzelnen Dimensionen zuordnen. Dazu zählen Gesundheit, Grundversorgung mit Nahrungsmitteln, Kleidung, Wohnung, aber auch Bildung und elementare politische Rechte der Teilhabe (Partizipation) sowie soziale Ressourcen wie Toleranz, Solidarität oder Gemeinwohlorientierung. Letztere halten Gesellschaften zusammen, und erhalten den sozialen Frieden.

Maßgebend ist heute das „Drei-Säulen-Modell", das ökologische, ökonomische und soziale Aspekte differenziert (Grunwald & Kopfmüller, 2012). Elkington spricht von „Triple bottom line" (Elkington, 1997), ursprünglich für den Unternehmensbereich. Erstmals auf UN-Ebene ergänzte man die *politisch-institutionelle Dimension* (UNCSD, 1996), die jedoch bis heute ebenso wenig Analyse-Standard werden konnte wie die kulturelle Dimension (Parodi, 2015).

Manche sahen in der Drei-Säulen-Logik eine Überfrachtung bzw. Verwässerung des Leitbilds und forderten erneut den Vorrang der ökologischen Dimension. Kritisiert wurde aber auch eine nach Dimensionen getrennte Betrachtung von Nachhaltigkeitserwägungen, vor allem wegen des *Gerechtigkeitsbegriffes,* der die Säulen ebenso miteinander verbindet wie die Grundgüter (Grunwald & Kopfmüller, 2012). Dieser Kritikpunkt führte zur Entwicklung transdimensionaler, integrativer Ansätze. Mit dem Integrativen Konzept der Helmholtz-Gemeinschaft (IKoNE) (Kopfmüller et al., 2001) wurde erstmals ein theoretisch fundiertes und analytisch handhabbares Instrumentarium vorgelegt, das in unterschiedlichen Kontexten Anwendung fand und findet. Es basiert auf der Brundtland-Definition und hebt drei konstitutive Elemente hervor:

---

[1] (Siehe dazu Rawls' Theorie der Gerechtigkeit (1979) sowie Sens Capability-Ansatz (Sen, 1985).

- Intra- und intergenerative Gerechtigkeit
- Globale Perspektive
- „Aufgeklärter" Anthropozentrismus.

Aufgeklärt deshalb, weil behutsamer Umgang mit der Natur nicht aufgrund eines ihr zugeschriebenen *Eigenwerts* (wie in biozentrischen Ansätzen), sondern aus wohlverstandenem Eigeninteresse der Menschen im Sinne eines menschenwürdigen Lebens für alle geboten erscheint.

Der IKoNE-Ansatz basiert auf der Idee eines *Planetary Trust,* dem alle Menschen als Gattungswesen angehören und der sie zu Solidarität und verantwortlichem Handeln nach Raum und Zeit verpflichtet (Brown Weiss, 1989, 21 ff.). Jede Generation sei *berechtigt,* das von vorherigen Generationen übernommene natürliche und menschgemachte Erbe zu nutzen. Sie sei aber auch *verpflichtet,* es treuhänderisch für nachfolgende Generationen zu verwalten, um ihnen freien Zugang und freie Nutzung zu ermöglichen. Das Grundprinzip ähnelt dem im Deutschen seit dem 15. Jahrhundert bekannten Prinzip des *Nießbrauchs,* der Nutzung einer fremden Sache bei Erhaltung deren Substanz. Nießbrauch wird vereinzelt, unter Verweis auf das altrömische Prinzip des *usus fructus,* als historischer Ursprung von Nachhaltigkeit interpretiert (Soentgen, 2016). Die Resonanz darauf ist jedoch bislang gering. Im IKoNE-Konzept wurde der Begriff des „Erbes" thematisch erweitert und zunächst in Form von drei generellen Zielen spezifiziert:

- Sicherung der menschlichen Existenz (als Grundvoraussetzung menschenwürdigen Lebens)
- Erhaltung des gesellschaftlichen Produktivpotenzials (d. h. die materiellen Grundlagen gesellschaftlicher Entwicklung)
- Bewahrung der Entwicklungs- und Handlungsmöglichkeiten der Gesellschaft (d. h. die immateriellen Grundlagen) (Kopfmüller et al., 2001).

Diese Ziele werden anhand von Regeln bzw. Prinzipien konkretisiert, in Form substanzieller und instrumenteller Mindestanforderungen für nachhaltige Entwicklung, als Ausgangspunkt für Analysen (siehe Abb. 2.1). Im IKoNE-Konzept werden Aspekte in den Blick genommen, die in anderen Ansätzen unterrepräsentiert sind: Verteilungsfragen, gesellschaftlicher Zusammenhalt, Internalisierung externer Kosten, weltwirtschaftliche Rahmenbedingungen, Diskontierungspraktiken bei Investitionsentscheidungen. Weitere Aspekte sind Resonanz- und Reflexionsfähigkeit, Steuerungsfähigkeit, Selbstorganisation und Fähigkeit zum Machtausgleich zwischen Akteuren. Weil diese Aspekte auch für Organisationen relevant sind, sind

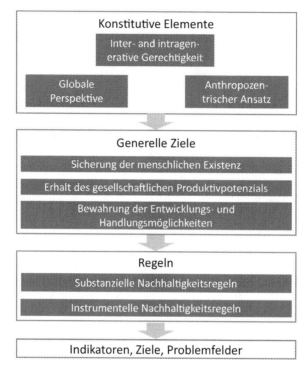

Konstitutive Elemente

Inter- and intragen-
erative Gerechtigkeit

Globale
Perspektive

Anthropozen-
trischer Ansatz

Generelle Ziele

Sicherung der menschlichen Existenz

Erhalt des gesellschaftlichen Produktivpotenzials

Bewahrung der Entwicklungs- und
Handlungsmöglichkeiten

Regeln

Substanzielle Nachhaltigkeitsregeln

Instrumentelle Nachhaltigkeitsregeln

Indikatoren, Ziele, Problemfelder

Abb. 2.1   IKoNE-Komponenten

sie in der einen oder anderen Form auch Bestandteil des Orientierungsrahmens, der in Kapitel vier vorgestellt wird.

Die deutsche Bundesregierung hat in ihrer Nachhaltigkeitsstrategie 2002 ein konzeptionell ähnliches Vorgehen gewählt, mit *Generationengerechtigkeit, Lebensqualität, sozialem Zusammenhalt* und *internationaler Verantwortung* als normativer Basis. Es wurde bis heute teilweise modifiziert, im Grundsatz aber beibehalten. Dennoch sind integrative Ansätze immer noch „Exoten" in Nachhaltigkeitsanalysen und -praktiken. Im Zuge der Debatten zur Umsetzung der SDGs und der Kritik an SDG-Inhalten werden allerdings Forderungen lauter, die *moralischen Imperative* zur Bedürfnisbefriedigung – Gerechtigkeit und Bewahrung der natürlichen Lebensgrundlagen – wieder stärker in den Mittelpunkt zu rücken, was bei den Säulenansätzen a priori schwierig ist (z. B. Holden et al., 2018).

Welches Wachstum?

Die gesellschaftliche Kontroverse zum *Wachstum,* ausgelöst vor allem durch die Veröffentlichung der „Grenzen des Wachstums", wurde im Zuge der folgenden Nachhaltigkeitsdebatten heftiger. Wachstumsfragen beeinflussen politische und unternehmerische Entscheidungen ebenso wie unser Alltagsleben. Phänomene wie die Finanzkrise 2008, die Corona-Pandemie oder die Flutkatastrophe im Westen Deutschlands haben uns vor Augen geführt, dass Leben sowohl Wachstums- als auch Schrumpfungsprozesse durchläuft.

Während die Idee permanenten Wirtschaftswachstums im chinesischen Kaiserreich, in der griechisch-römischen Antike und im Mittelalter praktisch keine Rolle spielte, sind die Ursprünge dieses Denkens in der europäischen Aufklärung des 17. und 18. Jahrhunderts zu finden. Die Verwirklichung von Freiheit, Gleichheit und Brüderlichkeit, die Vervollkommnung des Menschen, wachsender Wohlstand und die Sicht auf Natur als „Gebrauchs- und Verbrauchsgegenstand" resultierten im Bewusstsein der *Grenzenlosigkeit* (vgl. z. B. Müller, 2007).

Bis heute gilt Wachstum als unverzichtbar – zur Sicherung bzw. Steigerung (materiellen) Wohlstands, zum Ausbau sozialer Sicherungssysteme, zur Schaffung bzw. Erhaltung von Arbeitsplätzen, konfliktarmen Gestaltung von (Um-) Verteilungsprozessen des Einkommens oder auch zur Finanzierung von Investitionen in Umweltschutz, Bildung usw. Daneben existieren „Wachstumstreiber": das Geld-, Zins- und Kreditsystem, das Zusammenwirken von Privateigentum, Wettbewerb, Gewinn- und Marktmachtstreben oder auch beschleunigte Produktinnovationszyklen (Richters & Siemoneit, 2017). Die vor 150 Jahren begründete neoklassische Schule der Wirtschaftswissenschaften hat wesentlich zur Verbreitung dieses Denkens in nahezu alle gesellschaftlichen Bereiche beigetragen (Rogall & Gapp-Schmeling, 2021). Ihr Menschen-, Gesellschafts- und Wirtschaftsbild unterstellt grenzenlose Bedürfnisse und unstillbaren Wissensdrang. Produzenten wollen Gewinne maximieren, Konsumenten ihren (eigenen) Nutzen. Ein Grund für das oft unterentwickelte Problembewusstsein ist das Unvermögen, Folgen eines exponentiellen Wachstums erfassen zu können.[2]

---

[2] Dies kann anhand des „Seerosen-Beispiels" illustriert werden (Bangemann, 2007): Seerosen vermehren sich in einem Teich so schnell, dass sich die von ihnen bedeckte Fläche z. B. jede Woche verdoppelt. Wenn nach 10 Wochen der gesamte Teich bedeckt ist, würden die meisten Menschen auf die Frage, wann die Hälfte des Teichs bedeckt war, „5 Wochen" antworten. Richtig sind jedoch 9 Wochen. Aus einer lange Zeit harmlosen und für die Lebensfähigkeit des Teichs unproblematischen Situation kommt es also vergleichsweise plötzlich zu einem unerwarteten und für den Teich bzw. die darin befindlichen Lebewesen tödlichen Ergebnis.

Wachstum erscheint somit zunehmend als Dilemma: problematische Nebenwirkungen für die Umwelt und ausbleibende positive Effekte stehen den „Wachstumsimperativen" gegenüber. Zwei Grundpositionen treffen hier aufeinander: *Green Growth* und *Degrowth* (Petschow et al., 2020). *Green Growth-Protagonisten* unterstellen die Vereinbarkeit von Wachstum, Umweltschutz und Nachhaltigkeit. Möglich werde sie durch innovationsgetriebene Entkopplung von Wirtschaftsleistung und Ressourcen-/ Umweltverbrauch („Effizienzrevolution") in Produktion und Konsum, aber auch durch Strukturveränderungen, mittels derer *Nachhaltiges* statt *Nicht-Nachhaltigem* geschaffen werden könne (man spricht von *intelligentem* oder *nachhaltigem* Wachstum).

Protagonisten der *Degrowth- oder Postwachstums-Position* unterstellen, dass die nötigen Effizienzsteigerungen weder technisch noch politisch noch ökonomisch realisierbar seien, schon wegen der „Rebound-Effekte" (Aufzehrung von Effizienzverbesserungen pro Einheit durch mehr Konsum). Dauerhaftes Wirtschaftswachstum sei angesichts endlicher Ressourcenvorräte thermodynamisch unmöglich. Außerdem könne man zumindest in wohlhabenden Ländern auch mit sinkender Wirtschaftsleistung noch „gut leben". Betont werden eine Definition von Wohlstand, die nicht nur an materiellen Werten orientiert ist, am *Suffizienz-Prinzip* orientierte Lebensstile, Wirtschaftsformen und Geschäftsmodelle, gerechtere Umverteilungsmechanismen sowie ein kultureller Wandel, der die erforderlichen Transformationen initiiert und trägt (Jackson, 2017; Paech, 2012).

Der Postwachstumsdiskurs verstand sich von Anfang an auch als Gegenentwurf zum „etablierten" Konzept nachhaltiger Entwicklung. Dieses wird mit Blick auf die Überschreitung planetarer Grenzen als de facto erfolglos und letztlich als Verschleierung des Wachstumsparadigmas mit anderen Mitteln kritisiert (Kopfmüller et al., 2016). Dieser Kritik wird umgekehrt mangelnde Differenzierung zwischen dem Leitbild und seiner Umsetzung vorgehalten. Ebenso die Ratlosigkeit der Degrowth-Protagonisten bei Fragen der nationalen, und mehr noch der globalen Lastenverteilung von Postwachstumsstrategien und deren Nebenfolgen, bzw. fehlende Diskurse darüber.

Die beginnende Debatte um „Nachhaltige Postwachstumsstrategien" zielt z. B. auf eine gerechte Verteilung von Lasten, Nutzen und Nebenwirkungen in Prozessen von Wachstumsrückgang oder Schrumpfung. Teils bekannte Ansätze beziehen sich auf die Umverteilung von Arbeit, Grundeinkommen für alle, Stärkung lokaler Wirtschaftskreisläufe oder eine weitreichende sozial-ökologische Steuerreform u. a. durch Verlagerung der Besteuerung von Arbeit auf Naturverbrauch (Liegey & Nelson, 2020; Seidl & Zahrnt, 2019; Kopfmüller et al., 2016).

Aktuell trifft das Ziel *Klimaneutralität* mit Herausforderungen der Corona-Pandemie zusammen. Dabei finden einerseits Postwachstumsideen deutlich mehr

Resonanz (Liegey & Nelson, 2020). Andererseits setzt jedoch ein stärkerer Wachstumsreflex ein, um Corona-Ausfälle aufzuholen. Dass in staatlichen Konjunktur- und Hilfspaketen Umwelt- oder Nachhaltigkeitskriterien mitunter eine Rolle spielen, etwa im Verkehrssektor, löst diesen Widerspruch nicht auf. Wer ernsthaft nach Wegen zu nachhaltigerer Entwicklung in modernen Gesellschaften sucht, dürfte zwangsläufig sensibler werden für natürliche und ethische Grenzen menschlichen Handelns und muss nach dem „rechten Maß" suchen (Loske, 2015). Eine zentrale Frage nachhaltiger Entwicklung ist jedoch, welche Akteure diese Entwicklung wirksam vorantreiben können. Mächtige Akteure wie Staaten und Konzerne haben allzu oft ihre Ohnmacht oder konträre Interessen bewiesen. Hingegen wird das Transformationspotenzial von Organisationen, den sozialen Systemen, in denen die Mehrheit der Erwachsenen ihren Arbeitsalltag verbringt, nicht annähernd genutzt.

Akteure nachhaltiger Entwicklung 3

3.1 Vorteile beim Lenken

Der Brundtland-Bericht weist auf Veränderungsbedarf im (globalen) politischen, ökonomischen, sozialen, technologischen, administrativen und dem Produktionssystem hin. Dabei handelt es sich um *Meta-Systeme,* zu denen jeweils *Subsysteme* gehören, die nationalen und internationalen *Institutionen.* Nach North sind das regelgebende Systeme, die über Anreizstrukturen soziales Handeln steuern (North, 1990, 4 f.). Orte des Handelns sind, für einen großen Teil der erwachsenen Bevölkerung und ausgedehnte Zeiträume, Organisationen. Dazu gehören mittelständische Betriebe und Konzerne ebenso wie Behörden, Schulen und Hochschulen, öffentliche Einrichtungen, Verbände und Vereine. Im Jahr 2020 gab es 43 Mio. Beschäftigte in Deutschland (Erwerbstätige minus Freiberufler) (Statista Erwerbstätige, 2021). Das entspricht der Mehrheit der deutschen Bevölkerung. Entsprechend groß ist die gesellschaftliche Prägekraft von Organisationen. Was aber ist das Besondere an diesen Gebilden?

In der sozialwissenschaftlichen Systemtheorie gelten Organisationen als komplexe soziale Systeme, die sich durch bestimmte Eigenschaften von ihrer Umwelt *abgrenzen* und gleichzeitig *anpassungsfähig* sind. An ihren Grenzen existiert ein Komplexitätsgefälle: normative Vorgaben, Strukturen, Abläufe und Regeln erzeugen eine *Innenwelt,* die übersichtlicher ist als die *Außenwelt* (Luhmann, 1984). Die komplexen Beziehungsgeflechte moderner Gesellschaften machen es jedoch mitunter schwer, die Grenzen genau zu definieren (Abschn. 5.1).

Organisationen verfolgen bestimmte Zwecke, verfügen über irgendeine Form von Hierarchie und können konkrete Bedingungen an die Mitgliedschaft stellen. Sie können diese Merkmale mehr oder weniger frei ausgestalten, im Rahmen kultureller Normen, politischer Vorgaben und praktischer Grenzen. Damit können sie

P. Kinne et al., *Organisationen als Transformationsbeschleuniger*, essentials, https://doi.org/10.1007/978-3-662-65530-6_3

nicht nur eine eigene Identität entwickeln und pflegen, sondern auch ihre Mitglieder zu einer gewissen Handlungskonformität bewegen (Kühl, 2011). Hierarchien regeln soziale Beziehungen, erleichtern die Koordination des Mitgliederverhaltens und klären Zuständigkeiten. Dadurch können Organisationen ihren Weg zur Nachhaltigkeit weitgehend selbst gestalten und schneller gehen als z. B. eine Stadtgesellschaft, Nation oder gar die Weltgemeinschaft, die über diese Merkmale nicht verfügen. Organisationen sind, zumindest potenziell, *kollektiv wirksamer* als andere soziale Systeme (Kinne, 2020, 129).

3.2   Sozialkapital und viraler Effekt

Organisationen lösen gesellschaftliche Aufgaben und erfüllen Bedürfnisse, sonst wären sie *zwecklos*. Solange das nicht auf Kosten anderer oder der Natur geschieht, findet bei ihnen nachhaltige Entwicklung, die über Bedürfnisbefriedigung definiert ist, bereits statt. Organisationen können Existenzen sichern und Orientierung vermitteln. Sie sind Orte sozialer Interaktion, formen Sinngemeinschaften, fördern Karrieren, beeinflussen Überzeugungen und Werteskalen und sind damit ein wichtiger Teil unserer Lebenswelt (Habermas, 1981, 229). Sie können ihren Stoffwechsel mit der Natur regulieren, indem sie „saubere" Energie verbrauchen und die Umwelt nicht mit Emissionen und toxischen Abfällen belasten. Mit dem Kapital, das in ihren Mitgliedern steckt und in dem, was sie gemeinsam zustande bringen (ihrem Human-, Sozial- und Wissenskapital), verfügen sie über Ressourcen, die immateriell und gerade deshalb *erneuerbar* sind und sich durch Gebrauch sogar vermehren. (Becker, 1975; Coleman, 1988; Roos et al. 1997). Mit ihren Kompetenzen, ihrer Kultur und ihren Aktivitäten beeinflussen sie Beschäftigte und deren Familien, Leistungsnutzer, Lieferanten und Investoren, aber auch Bürgerinnen und Bürger der Kommune an ihrem Standort (Abb. 3.1).

Unter den immateriellen Ressourcen hat das *Sozialkapital* eine Sonderfunktion. Coleman erklärt, wie durch soziale Beziehungen Informationsquellen- und -kanäle von einer Verlässlichkeit entstehen, die ohne diese Beziehungen nicht denkbar wäre (Coleman, 1988). Sozialkapital entsteht durch *Interaktion,* als Bindeglied zwischen dem (an einzelne Personen gebundenen) Humankapital und dem (organisationseigenen) Wissenskapital. Von diesem können auch andere Organisationen profitieren. Abb. 3.2 zeigt die *Sequenz der kollektiven Wissensproduktion,* mit der die organisationale Wertschöpfung beginnt.

Durch *geteilten Wert (shared value)* können Unternehmen sowohl ihren Shareholdern (Anteilseignern) als auch ihren Stakeholdern (Beteiligte/Betroffene) innerhalb und außerhalb organisationaler Grenzen relevante Werte vermitteln

Abb. 3.1 Einflusssphären
von Organisationen

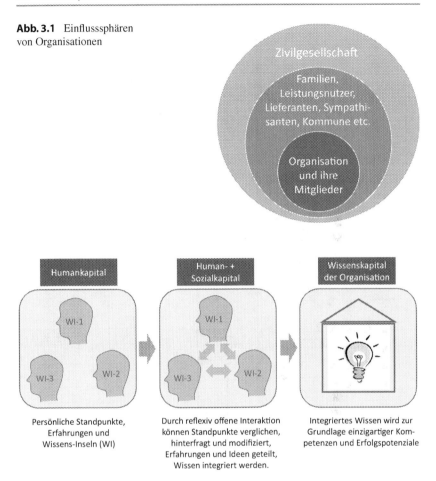

Persönliche Standpunkte,
Erfahrungen und
Wissens-Inseln (WI)

Durch reflexiv offene Interaktion
können Standpunkte verglichen,
hinterfragt und modifiziert,
Erfahrungen und Ideen geteilt,
Wissen integriert werden.

Integriertes Wissen wird zur
Grundlage einzigartiger Kompetenzen und Erfolgspotenziale

Abb. 3.2 Gemeinschaftliche Wissensproduktion

(Porter & Kramer, 2011). Dazu gehören auch weitere Organisationen, die der
Organisation partnerschaftlich verbunden sind und deren „Wissensträger" sich
am gemeinschaftlichen Produzieren von Wissen beteiligen können. Auf diese
Weise können auch andere Organisationen z. B. von Nachhaltigkeits-Kompetenz
profitieren bzw. diese mitgestalten, und ihrerseits positiv nach außen wirken.
Das wiederum kann einen „viralen Effekt" erzeugen, der in die Gesellschaft
hineindiffundiert (Abb. 3.3) (Kinne, 2020, 112, 113).

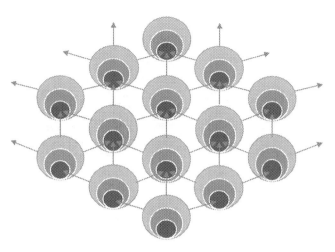

Abb. 3.3 Viraler Effekt

   Um die Diffusion nicht dem Zufall zu überlassen, bedarf es einer Methodik, die einfach und gleichzeitig wirksam genug ist, um Organisationen jedweder Art mit vertretbarem Aufwand Kompetenz in nachhaltiger Entwicklung vermitteln zu können. Aber welche konzeptionellen Grundlagen gibt es für eine Methodik, die beansprucht, universell gültig zu sein?

3.3   Erfolgsfaktoren im Wandel

Bis heute sind organisationale Erfolgsfaktoren am besten für Unternehmen erforscht, weil deren Erfolg an Finanzergebnissen ablesbar ist. Mit den Erfolgs-faktoren befasste man sich näher erst zu einer Zeit, als die legendäre Wachs-tumsphase der Wirtschaft zu Ende war, die in den Jahren des Wiederaufbaus Europas nach dem zweiten Weltkrieg begonnen hatte. Anfang der 1980er Jahre hatten Westeuropäer und Amerikaner Bekanntschaft mit *Stagflation* gemacht, einer Kombination aus Lohn-Preis-Inflation und wirtschaftlichem Abschwung (Judt, 2005, 510–515). Unternehmen erzielten keine Gewinne mehr, die „nicht zu verhindern waren", sondern mussten Erfolge nunmehr hart erkämpfen. 1982 veröffentlichten Peters & Waterman ihr Buch *In search of excellence.* Darin beschrieben sie Erfolgsfaktoren von Unternehmen, die nach Wachstum von Anla-gevermögen und Eigenkapital, Verhältnis von Marktwert zu Buchwert sowie

Gesamtkapital-, Eigenkapital- und Umsatzrentabilität innerhalb von 20 Jahren besonders erfolgreich waren (Peters & Waterman, 1982). In Regeln übersetzt lauten die Erfolgsfaktoren folgendermaßen:

- Entwickle eine Vorliebe zu handeln!
- Sei nah am Kunden!
- Fördere Eigenständigkeit und Unternehmertum!
- Sei durch Menschen produktiv!
- Denk praktisch und werteorientiert!
- Schuster, bleib bei Deinen Leisten!
- Vermeide bürokratischen Überbau!
- Verknüpfe zentrale Steuerung mit dezentraler Autonomie!

Die Autoren bezogen sich dabei auf die im 7-S- Modell von McKinsey benannten Komponenten: „Harte" (strategy, structure, sub-systems) und „weiche" (staff, style, shared values und skills) (Pascale & Athos, 1981, 80–82). Diese Komponenten prägen jede Organisation, stehen in dynamischer Wechselwirkung zueinander und sind in Summe Träger des Erfolges. Aber nicht überall sind Finanzergebnisse die zentrale Erfolgsgröße. Viele von Organisationen bereitgestellte Güter wie z. B. Trinkwasser, Bildung und Sicherheit sind *öffentlich* und unterliegen nicht den Regeln des Marktes. Eine finanzbasierte Definition von Erfolg ist damit für die systemische Beurteilung von Organisationen ungeeignet.

Die Erkenntnisse von Peters & Waterman sind kritikwürdig, weil sie z. B. das *Handeln,* nicht jedoch das *Denken* betonen. Starke Kundennähe kann sich negativ auswirken, Verschlankung unbeweglich machen. Seit den 1990 Jahren gibt es außerdem neue Anforderungen. Die Auflösung fester Machtblöcke, deregulierte Märkte und neue Technologien wie Internet und Smartphone haben die Dynamik und Komplexität im Weltgeschehen signifikant erhöht. Nach Zusammenbruch der alten Sowjetunion erfand das American War College das Akronym VUCA (für *Volatility, Uncertainty, Complexity* und *Ambiguity*). 1994 spricht D'Aveni von *Hypercompetition* (D'Aveni, 1994). Erhöhter Wettbewerbsdruck und Kontrollverlust machen insbesondere Führungskräften zu schaffen. In einer Studie der Boston Consulting Group werden folgende Erfolgsfaktoren genannt:

- Agile ways of working
- A value-added corporate center
- Clearly delineated profit and loss responsibilities
- A flat management structure with a frontline focus
- Effective use of shared services
- Strong support for people and collaboration (Roghé et al., 2017)

Faktoren wie *Agility* und *Shared services* deuten auf neue Anforderungen bei Reaktionsgeschwindigkeit und Arbeitsteilung hin. Letztere kann durch plattformbasierte *Shared servicve centres* optimiert werden (Strikwerda, 2014). Der Global Human Capital Trends Report 2018 von Deloitte, der auf einer Umfrage unter ca. 11.000 Führungskräften basiert, lässt einen tiefgreifenden Wandel erkennen, dem Manager weltweit ausgesetzt sind und der sich im *Aufstieg des sozialen Unternehmens* manifestiere. Das zeigt einmal mehr die Bedeutung des *Sozialkapitals* in der Zweckfindung und beim Aufbau von Beziehungen zu Interessengruppen (Argarwal et al., 2018). Auch hier steht Befriedigung von (oft gegensätzlichen) Bedürfnissen im Mittelpunkt. Das gewachsene soziale und ökologische Bewusstsein unserer Gesellschaft findet Ausdruck in *Corporate (Social) Responsibility*-Initiativen. Als Investmentobjekte bewertet man Unternehmen nach *ESG-Kriterien* (ESG steht für Environment, Social, Governance), weshalb sie neuen Anforderungen der Berichterstattung unterliegen.

Nicht alle Organisationstypen erleben denselben Veränderungsdruck wie Unternehmen. Eine Behörde ist auch heute noch „konkurrenzlos". Ein Verein für Hobbyköche kann es sich leisten, sich ausschließlich der Leidenschaft seiner Mitglieder zu widmen. Ereignisse wie die Corona-Pandemie verschärfen jedoch auch die Anforderungen an öffentliche Organisationen (z. B. Gesundheitsämter). Wenngleich die Komponenten im 7-S-Modell für Organisationen systembestimmend sind, liefern sie keine universellen Erfolgsfaktoren. Die Kriterien der Studien von 1982, 2017 und 2018 basieren nicht auf einem *Systemmodell,* von dem man solche Faktoren ableiten könnte. Es wird deshalb ein Ansatz benötigt, anhand dessen systemische Anforderungen modellhaft veranschaulicht, gegliedert und operationalisiert werden können.

Etappenziel Resilienz

4

4.1 Anwendungsfelder

Mit dem Begriff *Resilienz* verbindet man die Vorstellung, dass Materialien, Gegenstände, Menschen, Abläufe oder Systeme nach „Störungen" ihre ursprünglichen Merkmale zurückgewinnen. Verwandtschaft zur Nachhaltigkeit besteht insofern, als dass auch sie einen dauerhaft wünschenswerten *Zustand* adressiert. Dem Begriff „Resilienz" fehlt jedoch in allen Anwendungsfeldern die normative Kraft, die man mit dem Begriff „Nachhaltigkeit" assoziiert. Das schmälert jedoch nicht die Bedeutung der Resilienz als *Mittel zum Zweck*. (Das Leitbild nachhaltiger Entwicklung beschreibt zudem einen *Prozess*).

In der Materialkunde bezeichnet Resilienz die Eigenschaft elastischer Stoffe, nach extremer Belastung wieder ihre ursprüngliche Form einzunehmen. In den Ingenieurwissenschaften beschreibt sie die Fähigkeit technischer Systeme, trotz Ausfalls von Teilsystemen funktionsfähig zu bleiben (was z. B. in der Energiewirtschaft Ausfallsicherheit in der Stromversorgung garantiert). In der Psychologie bedeutet Resilienz *persönliche Widerstandsfähigkeit*. Sie ermöglicht es Menschen, Krisen zu bewältigen und unter Rückgriff auf persönliche und sozial vermittelte Ressourcen für die eigene Entwicklung zu nutzen (Garmezy, 1974). Die psychologische Resilienz-Perspektive ist in einer Gesellschaft populär geworden, in der *Selbstoptimierung* zum Kulturmerkmal wurde (Pitz, 2018). Empirisch belegt sind folgende Anforderungen:

- Akzeptiere Veränderungen als einen elementaren Teil des Lebens
- Betrachte die Dinge realistisch, bewahre dir eine hoffnungsvolle Haltung
- Halte Krisen nicht für unüberwindbar, versuche neue Wege
- Wende dich eigenen Zielen zu, halte dir Möglichkeiten offen

© Der/die Autor(en), exklusiv lizenziert an Springer-Verlag GmbH, DE, ein Teil von Springer Nature 2022
P. Kinne et al., *Organisationen als Transformationsbeschleuniger*, essentials,
https://doi.org/10.1007/978-3-662-65530-6_4

- Bemühe dich um Kontakte, Beziehungen und sozialen Austausch
- Gehe sorgsam mit dir selbst um und achte auf Momente der Achtsamkeit in deinem Alltag (Kormann, 2009, 194, 195)

COVID-19 hat die Frage aufgeworfen, wie Gesellschaften nach der Corona-Krise eine „Grundrobustheit" aufbauen können, die sie widerstandsfähig gegenüber mehrdimensionalen Krisen macht (Karidi et al., 2018; Fathi, 2000). Längst hat Resilienz auch in der Wirtschaft Einzug gehalten.

In einer Umfrage im Auftrag von Microsoft und der Bundesvereinigung der Deutschen Arbeitgeberverbände (BDA) wurde die Fähigkeit deutscher Unternehmen zur Bewältigung von Krisen untersucht, aktuell verursacht durch die Corona-Pandemie. Mit dem *Resilienz-Check 2020* waren die Auftraggeber zufrieden – hatten doch viele Unternehmen die Pandemie genutzt, um widerstandsfähiger zu werden. Sie beurteilten das anhand der Kriterien *Strategie und Prozesse, Anpassungsfähigkeit, agile IT-Infrastruktur, Führung und Vertrauen* sowie *Mitarbeiter-Mindset*.[1]

Die Abgrenzung dieser Kriterien erscheint problematisch. Das gilt erst recht für die Kriterien *Optimismus, Reifegrad* und *Investitionen*, die von den Wirtschaftsprüfern der KPMG im selben Jahr zur wiederholten Ermittlung des *Future Readiness-Index* bei Top-Entscheidern von 601 Kunden genutzt wurden. Aufschlussreich sind die Megatrends in diesem Index, die in drei Jahren gleichgeblieben sind: Veränderung der Kundenbedürfnisse, demografischer Wandel und wachsende Bedeutung von Nachhaltigkeit.[2]

4.2 Zertifizierte Resilienz

Die British Standards Institution (BSI Group), ein englisches Normungsinstitut und Mitgründer von ISO (Internationale Organisation für Normung), prüft und bewertet weltweit Produkte und Managementsysteme nach international gültigen Normen in Unternehmen verschiedener Branchen und unterstützt Unternehmen bei „nachhaltigem Wachstum" und der Entwicklung von Widerstandsfähigkeit. Die wichtigsten ISO-Normen wurden nach eigenen Angaben ursprünglich von BSI entwickelt, darunter ISO 9001 (Qualitäts-Management),

---

[1] https://t3n.de/news/resilienz-check-deutsche-trotzen-1320254/. Zugriff: 05.12.2020.

[2] https://home.kpmg/de/de/home/media/press-releases/2020/10/unternehmen-erkennen-eigene-resilienz-durch-corona-krise.html, Zugriff: 05.12.2020.

ISO 14001 (Umwelt-Management), ISO 45001 (Arbeits- und Gesundheitsschutz-Management) und ISO 22301 (Continuity Management).[3] Der BSI-Standard BS 65000, *Guidance on Organizational Resilience*, ist Grundlage der im deutschen Sprachraum eher wenig bekannten ISO 22316 – *Security and Resilience*. Dieser Standard beinhaltet neun Attribute:

• Gemeinsame Vision und Zielklarheit
• Kontext verstehen und beeinflussen
• Effektive, fähige Führung
• Eine Kultur zur Unterstützung der Resilienz
• Geteilte Informationen und Wissen
• Verfügbarkeit von Ressourcen
• Entwicklung und Koordination von Managementdisziplinen
• Unterstützung der kontinuierlichen Verbesserung
• Fähigkeit, Veränderungen zu antizipieren und zu managen

Zur Sicherstellung dieser Attribute definiert die ISO-Norm 38 unterschiedliche Anforderungen, deren Erfüllungsgrad mit geeigneten Methoden gemessen werden kann.[4] Die Attribute erinnern an das *EFQM-Modell* (European Federation of Quality Management). Das Modell von 2020 betont die Themen *Ausrichtung, Realisierung und Ergebnisse* und weist bei den Details auf *Transformationsbedarf* hin.[5]

Sowohl die Umsetzung der ISO 22316 als auch die Bewertung nach dem EFQM-Modell sind komplex und werden von Expert*innen kommerziell begleitet. Der Aufwand dafür ist beträchtlich und die Anzahl der Organisationen, die daraus Nutzen ziehen, vergleichsweise gering.

4.3 Systems Thinking

Abgesehen von Schwächen der „Resilienz-Schnelltests" im Verlauf der Corona-Pandemie fehlt allen Ansätzen zur Bewertung organisationaler Resilienz die konsequente Systemorientierung. Nachhaltige Entwicklung findet in Systemen

---

[3] BSI: https://www.bsigroup.com/de-DE/Ueber-BSI-Group/ Zugriff: 05.12.2020.

[4] ISO22316: https://www.iso.org/obp/ui/#iso:std:iso:22316:ed-1:v1:en, Zugriff: 08.12.2020.

[5] DGQ: https://www.dgq.de/themen/efqm/. Das EFQM-Modell 2020 wurde im Sinne des „Golden Circle" von Simon Simek (why? – how? – what?) überarbeitet. Kernfragen lauten: *Warum existiert die Organisation? Wie beabsichtigt sie ihren Zweck zu erfüllen? Was hat sie erreicht? Was beabsichtigt sie zukünftig zu erreichen?*

statt, und sowohl ökologische als auch soziale bzw. sozioökonomische Systeme benötigen Resilienz, um nachhaltige Entwicklung betreiben zu können. Senge nimmt Bezug auf die Gesundheit eines Systems, indem er über das Systemdenken schreibt:

„Systems thinking is a discipline for seeing the structures that underlie complex situations, and for discerning high from low leverage change. That is, by seeing wholes we learn how to foster health." (Senge, 1990, 69)

Senges Mentor am Massachusetts Institute of Technology (MIT) war Jay Forrester, der das Systemmodell für die Untersuchungen im Bericht „Die Grenzen des Wachstums" von 1972 lieferte und als Vater der *System dynamics* gilt (Meadows, 1972). Komplexe soziale Systeme sind prinzipiell undurchschaubar. Grund dafür ist weniger ihre *Detailkomplexität* (Anzahl zählbarer Elemente wie Menschen, Einheiten, Anlagen, Subsysteme etc.) als vielmehr ihre *dynamische Komplexität,* das Zusammenspiel von Elementen und zeitversetzten Auswirkungen von Interventionen. Das erzeugt *kausale Dichte.* Interventionen erzeugen positive oder negative Rückkopplungen, wobei Erstere Zustände verstärken, Letztere Zustände abschwächen und damit ausgleichend wirken. Diese Effekte bestimmen das „Antwortverhalten" (die *Feedbacks*) von Systemen. Abb. 4.1 zeigt Auswirkungen auf die Qualität eines Produktes.

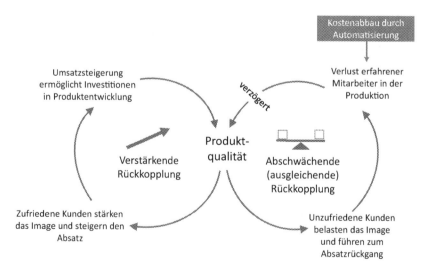

Abb. 4.1 Systemdynamiken

Nachdem man die Produktqualität infolge höhereren Absatzes und gezielter Investitionen hatte steigern können, wurde sie wieder schlechter, nachdem man im Zuge einer Automatisierungswelle erfahrene Produktionsfachleute entlassen hatte. Dazu Senge:

„Today's problems come from yesterday's solutions" (Senge, 1990, 57).

In komplexen Systemen führen lineares Denken und zeitversetzte Ereignisse dazu, dass Zusammenhänge zwischen Ursache und Wirkung oft unerkannt bleiben. Man arbeitet an Symptomen (schlechte Quartalsergebnisse), nicht an deren Ursachen (schlechte Produktqualität). Man probiert *mehr vom Selben* (z. B. Kundenbesuche), was die Symptome aber nicht beseitigt. Dazu Senge:

„In complex human systems there are always many ways to make things look better in the short run." (Senge, 1990, 60)

Fortgesetzte Beschäftigung mit Symptomen kann von Mitteln ihrer Bekämpfung abhängig machen. Meadows beschreibt das Phänomen der *Drifting Goals,* das auftritt, wenn man sich zu lange den Symptomen widmet: „Wenn wir nicht bekommen, was wir wollen, beginnen wir zu wollen, was wir bekommen."[6] Die Herabsetzung des „Aspiration level" vermindert den Anspruch. Anbieter werden dadurch austauschbarer, ihre Resilienz wird geringer. Der entscheidende Nutzen systemischen Denkens liegt im Verständnis der Hebelwirkung, die Systemdynamiken hervorrufen. Maßnahmen mit der größten Hebelwirkung gehören zu den „4 Disciplines of Execution" (McChesney et al., 2012).[7]

Systemisches Denken schärft den Blick für Ursachen von Zuständen und Ereignissen, Veränderung im Zeitverlauf und den Kontext dieser Veränderung. Das bietet die Chance, Systeme resilienter zu machen. Kaum ein Forschungszweig hat sich so intensiv mit den Auswirkungen menschlichen Handels in komplexen, adaptiven Systemen befasst wie die sozial-ökologische Forschung. Viele Probleme beim Nutzen und Bewirtschaften natürlicher Ressourcen sind darauf zurückzuführen, dass die Verbundenheit ökologischer und sozialer Systeme ignoriert wird. Mensch und Umwelt sind *interdependente Systeme* (Folke et al., 2010). Das empirische Fundament dieses Forschungszweiges ist sicher nicht weniger robust als das der klassischen Organisations- und Managementlehre. Die interdisziplinäre Orientierung hingegen, ein Kernfaktor nachhaltiger

---

[6] Meadows, D. https://thesystemsthinker.com/breaking-the-cycle-of-organizational-addiction/, Zugriff: 17.12.2020.

[7] Die anderen sind Fokus auf das Wesentliche, aussagestarke Erfolgsmessung und Kultur der Verantwortlichkeit.

Entwicklung, ist offenbar deutlich ausgeprägter. *Resilience thinking* ist für sozial-
ökologische Systemiker gleichbedeutend mit *Systems thinking* (Walker & Salt,
2006, 11).

4.4 Resilienz sozial-ökologischer Systeme

Im Jahr 1973, ein Jahr nach Erscheinen des im Auftrag des Clubs of Rome
erschienenen Berichts *Die Grenzen des Wachstums,* erschien Hollings *Resilience and Stability of Ecological Systems* (Holling, 1973). In den Folgejahren
beschäftigten sich immer mehr Forscher mit dem Einfluss menschlichen Handelns
auf Ökosysteme. Die sozial-ökologische Resilienzforschung wird in Organisationen wie der *Resilience Alliance* und dem *Stockholm Resilience Center* teilweise
gebündelt.[8] Was sind ihre Grundpositionen?

Unsere Gesellschaft benötigt zum Überleben natürliche Güter: Luft zum
Atmen, Wasser zum Trinken, Böden zum Bewirtschaften, Wälder zur Regulie-
rung des natürlichen Stoffwechsels etc. Solche Güter sind „Ecosystem services"
der Natur, die auch für nachfolgende Generationen nutzbar sein sollen. Ob das
gelingt, hängt mittlerweile davon ab, welchen Einfluss Menschen auf die Ökosysteme und deren „Servicefähigkeit" nehmen. Mitunter folgen sie fragwürdigen
Grundsätzen.

Im Bild vom „guten Management" hat Effizienzoptimierung eine lange Tra-
dition, seit Taylor's Scientific management sogar *normativen Charakter.* Den
„Short-term optimizers" gehe es um *Ressourcen-Effizienz,* weil sie glauben, die
Verfügbarkeit von Gütern dadurch optimieren zu können. Dieses als *reduktio-
nistisch* geltende Denken basiert auf der Vorstellung, man könne die Leistung
einzelner Systemkomponenten unabhängig vom Gesamtsystem verbessern. Das
entspricht jedoch nicht der Wirklichkeit komplexer, adaptiver Systeme. Diese
werden mit „Störungen" konfrontiert. Effizienz wird immer eine wichtige operative Größe sein. Wenn aber ausschließlich nach dem Effizienzparadigma
gehandelt wird, können Störungen zum Systemkollaps führen. Einseitiger Fokus
auf Effizienz blendet das Antwortverhalten des Systems aus (die zeitversetzten
Rückkopplungen), und verhindert Gegenmaßnahmen (Walker & Salt, 2006, 7,
11, 33).

Menschen leben sowohl in sozialen als auch in ökologischen Systemen.
Wegen der Komplexität sozial-ökologischer Systeme kann man die Auswirkungen

---

[8] Resilience Alliance: http://www.resalliance.org/; Stockholm Resilience Center: https://
www.stockholmresilience.org/, Zugriff: 17.12.2020.

menschlicher Interventionen auf ökologische Systeme nicht sicher vorhersagen. Gut gemeinte Maßnahmen können solche Systeme in einen Zustand versetzen, in dem sie die Fähigkeit verlieren, lebenswichtige Serviceleistungen zu erbringen. Dasselbe gilt für soziale Systeme. Resilienz ist deren Fähigkeit, sich angesichts von Veränderungen in der Umwelt (insbesondere den unerwarteten) in einer Weise anzupassen oder gar zu transformieren, dass sie weiterhin Serviceleistungen zum Wohle der Menschen erbringen können. Forscher in dem Bereich sehen deshalb Resilienz als Schlüssel zur Nachhaltigkeit (Chapin et al., 2010). Resilience thinking bietet für Systeme, die in unterschiedlichen Raum- und Zeitskalen operieren, einen sinnvollen Ansatz zum Beobachten, Bewerten und Handeln.

Beim sozial-ökologischen Resilienz-Ansatz spielen drei Theorien eine zentrale Rolle: die Theorie der Schwellen *(Thresholds),* der regulierenden Faktoren *(Slow variables)* und der adaptiven Zyklen *(Adaptiv cycles).* Schwellen begrenzen Zustandsräume, in denen Systeme auf unerwartete Ereignisse reagieren können, ohne ihre Kernfunktionen zu verlieren. Die Summe der Störungen oder Schocks, die mit vorhandenen Mitteln „verkraftbar" sind, bestimmt die Ausdehnung dieser Zustandsräume (man nennt diese Ordnungsgefüge auch „Regimes"). Nach Überschreitung einer Schwelle gelangen Systeme in einen anderen Zustandsraum und verlieren dabei ihre bisherige Identität und ihr „Serviceprofil". Die „attraktiven" Zustandsräume werden durch „Basins of attraction" veranschaulicht. Abb. 4.2 zeigt zwei davon, mit einem System nahe einer Schwelle (Walker et al., 2004).

Die Überschreitung von Schwellen ist in Ökosystemen, die von Menschen manipuliert werden, um Serviceleistungen zu *optimieren,* gut belegt. In den Everglades in Florida, dem wohl berühmtesten Sumpfsystem der Welt, führte der siedlungsbedingte Zufluss von Phosphor dazu, dass große Teile des Nationalparks ihren Sumpfcharakter verloren und sich heute in einem neuen, von Rohrkolben dominierten Regime befinden. Im Goulburn-Broken-Gebiet, eine

Abb. 4.2 Basins of attraction

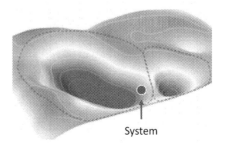

System

landwirtschaftlich hochproduktive Region Australiens, hat andauernde Abhol-
zung von Waldgebieten zugunsten landwirtschaftlicher Nutzung den salzhaltigen
Grundwasserspiegel angehoben. Das erschwert den Betrieb von Milchviehwei-
den und zerstört hochwertige Gartenbaukulturen. Die Korallenriffe der Karibik
ziehen heute weniger Touristen an als früher, weil 80 % der Hartkorallen durch
Abwässer, globale Erwärmung, Überfischung und Tourismus verschwunden sind.
Die verbleibenden Riffe sind gefährdet (Walker & Salt, 2006, 25, 45, 67).

Slow variables sind Einflussfaktoren, die sowohl die Struktur als auch das
„Antwortverhalten" komplexer Systeme wesentlich bestimmen, und damit auch
ihren Abstand zu kritischen Schwellen. Bei den Everglades sind es der Nähr-
stoffgehalt des Wassers, im Goulburn-Broken-Gebiet die Höhe des salzhaltigen
Grundwasserspiegels. Bei den Korallenriffen der Karibik ist es die Möglichkeit,
durch die Vielfalt im Antwortverhalten *(response diversity)* ihrer Pflanzen- und
Tierwelt die negativen Folgen von Abwasser, Erderwärmung, Überfischung und
Tourismus zu kompensieren[9]. Diese Faktoren sind *Systemregulatoren* und stellen
die Systemfunktion sicher.

Die „attraktiven Zustandsräume" stellen bei Organisationen Spielräume oder
„Komfortzonen" dar, in denen Geschäftsmodelle auch nach Turbulenzen ihre
Berechtigung behalten, denen man mit „Bordmitteln" begegnen konnte. Veränderungen dieses Ordnungsgefüges wären schmerzhaft (insbesondere für Inhaber
etablierter Machtpositionen), der Ausgang wäre unsicher. Durch lernbasierte
Anpassung können Organisationen ihre Komfortzone erweitern, und damit
ihren Abstand zu kritischen Schwellen. Sollten sie jedoch mit einem Ereig-
nis konfrontiert werden, das sie eine Schwelle überschreiten lässt, werden ihre
Geschäftsmodelle obsolet. Um selbst das überleben zu können, müssen sich Organisationen *transformieren,* um mit neuen Geschäftsmodellen und Services wieder
zu begehrten Serviceprovidern für ihre Umwelt werden zu können. Walker & Salt
schreiben:

„Transformability is the capacity to create a fundamentally new system when
ecological, social, economic, and political conditions make the existing system
untenable." (Walker & Salt, 2006, 62).

Unter funktionalen Aspekten ist Resilienz die Fähigkeit, durch Anpassung
selbst bei Störungen stets Abstand zu kritischen Schwellen zu halten. Die Theorie der adaptiven Zyklen beschreibt, wie sich die Resilienz lebendiger Systeme

---

[9] In Seen mit klarem, sauerstoffreichem Wasser bestimmt der Phosphorgehalt des Wassers,
ob der See klar und sauerstoffreich bleibt oder durch Algenwachstum unwiederbringlich
eintrübt, was Fischen die Lebensgrundlage nimmt (Walker & Salt, 2006, 59).

entlang unterschiedlicher Phasen verändert. Gleichzeitig veranschaulicht sie den Anpassungsbedarf.

Der *Wachstumsphase* folgt die Phase der *Konservierung,* in der Ressourcen akkumuliert, Strukturen verfestigt und Abläufe standardisiert werden. In dieser Phase funktioniert Effizienzoptimierung, und manche Entwicklungen sind vorhersehbar. Wer jedoch Effizienz optimiert, zieht keine alternativen Konfigurationen in Betracht (das wird bei der „digitalen Transformation" zuweilen übersehen). Je länger die Konservierungsphase dauert, desto geringer wird die Resilienz des Systems und desto kleiner kann die Störung sein, die es über eine kritische Schwelle bringt. Dann aber lösen sich seine Strukturen auf; es muss *reorganisiert* werden, ggf. von anderen Akteuren. In Reorganisationsphasen sind Systeme besonders „resilient", weil da Vieles möglich ist. System-Optimierung ist angesichts instabiler Zustände sinnlos, denn was sollte man da optimieren? Die Zukunft ist schließlich ungewiss. In diesem Zyklus sind jedoch „Abkürzungen" denkbar (Walker & Salt, 2006, 76–78) (Abb. 4.3).

Schumpeter beschrieb Innovation als diskontinuierliche Durchsetzung neuer Kombinationen, die durch schöpferische Zerstörung neue Dimensionen der Produktivität eröffnet. Zerstörung sei schöpferisch, wenn nach Auflösung einer Organisation, deren Funktion nicht mehr zeitgemäß ist, durch Transformation etwas Neues entsteht (Schumpeter, 1931). Weitsichtige Manager nutzen die Konservierungsphase, um parallel zum Ausschöpfen vorhandener Ressourcen neue Kombinationen zu suchen und neues Wissen zu akquirieren. Sie umgehen die Auflösungsphase, indem sie rechtzeitig *reorganisieren.* Auch Organisationen werden von „slow variables" bestimmt. Unternehmen stehen im Wettbewerb und leben davon, von Kunden anderen Anbietern gegenüber *bevorzugt* zu werden (Kinne, 2011). Eine Behörde muss zwar keine Wettbewerber fürchten, wird aber

Abb. 4.3 Adaptiver Zyklus
mit „Abkürzung"

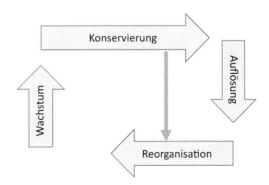

abgeschafft, wenn man ihre Funktion nicht mehr benötigt. Vereine müssen für ihre Mitglieder hinreichend attraktiv sein und bleiben. Organisationen benötigen außerdem Ressourcen in Form von (materiellem) Finanz- und Sachkapital sowie (immateriellem) Human- Sozial- und Wissenskapital, um Schlüsselkompetenzen entwickeln zu können. Darüber hinaus benötigen sie „lebensfreundliche" Bedingungen wie gesetzliche Regelungen, eine auskömmliche Nachfrage etc.

4.5   Resilienz-Prinzipien

Resilience thinking nimmt drei wünschenswerte Merkmale komplexer, adaptiver Systeme in den Blick: *Beständigkeit, Anpassungs- und Transformationsfähigkeit*. Ein System ist beständig, wenn es nach Schocks seine bewährte Funktionalität wiedergewinnt. Dazu muss es lern- und anpassungsfähig sein. Mit dieser Eigenschaft kann nicht nur Resilienz „gemanagt", sondern es können auch Transformationsprozesse vorbereitet und durchgeführt werden. Organisationen *in Transformation* verlassen ihre alte Komfortzone, weil die Zustände darin „unattraktiv" geworden sind, und begeben sich in ein neues Ordnungsgefüge mit besseren Bedingungen (Folke et al. 2010). Somit können zwei Resilienz-Kategorien unterschieden werden: *Funktionale Resilienz* (Beibehaltung der alten Funktionalität) und *existenzielle Resilienz* (Überleben des Systems als solches). Beides erfordert Anpassung an neue Bedingungen. Wie aber kann ein Orientierungsrahmen aussehen, der systemische Resilienz auf Organisationen überträgt und sie gleichzeitig unterstützt, nachhaltige Entwicklung voranzutreiben? Auf welchen Prinzipien kann dieser Rahmen beruhen? Biggs et al. nennen sieben Prinzipien zum Aufbau sozial-ökologischer Resilienz, die sich gegenseitig bedingen und verstärken:

1. Maintain diversity and redundancy
2. Manage connectivity
3. Manage slow variables and feedbacks
4. Foster complex adaptive systems thinking
5. Encourage learning
6. Broaden participation
7. Promote polycentric governance systems (Biggs et al., 2015, 255–257)

Während die Prinzipien 1–3 Merkmale resilienter sozial-ökologischer Systeme an sich sind, dienen die Prinzipien 4–7 ihrer *Steuerung*. Im Folgenden werden die Prinzipien interpretiert bzw. zugeordnet.

Manage slow variables and feedbacks und *Foster complex adaptive systems thinking* kennzeichnen das Systemdenken. *Manage connectivity* gestaltet die Verbundenheit der Systemelemente, die Zugang zu systemstabilisierenden Ressourcen bietet. Zu große Verbundenheit kann die Resilienz des Systems schwächen. *Diversity* sorgt für Vielfalt an Lösungsoptionen, die bei komplexen Aufgaben benötigt wird, *redundancy* sichert die Funktionalität von Organisationen. Nach Ashby erfordert die Lösung komplexer Aufgaben ein Lösungssystem, bei dem die Varietät möglicher Lösungen der Komplexität der Aufgaben entspricht.[10] *Broaden participation* erweitert den Kreis beteiligter Stakeholder. Deren Hintergründe, Erfahrungen und Sichtweisen erzeugen Diversity, fördern kollektives Lernen, stärken vertrauensvolle Beziehungen und machen nachhaltige Lösungen wahrscheinlicher. Weick & Sutcliffe beschreiben, wie Diversity mit unvoreingenommenem Lernen zusammenhängt:

„Divergent perspectives and viewpoints help an organization resist the tendency to decide in advance which problems merit attention and which do not. Requisite variety encourages the questioning of preconceived assumptions, categories, and conclusions. It's important to avoid simplifying assumptions and interpretations, especially if the context keeps changing." (Weick & Sutcliffe, 2015, 142).

Mit „sensorischer" Vielfalt können selbst kleine Fehler in Abläufen entdeckt und behoben werden, bevor daraus ernste Probleme werden. Wer Unterschiede bei Ereignissen und Zusammenhängen erkennt, ist weniger versucht, durch Verallgemeinerung zu *vereinfachen*. Umgang mit Fehlern und Abwehr von Vereinfachung sind typische Merkmale von *Highly reliable organizations* (weitere sind Sensibilität für Abläufe, Einsatz für Resilienz und Achtung von Sachverstand). Wenn sich Menschen mit belastbaren Erfahrungen austauschen und dabei Daten, Meinungen und Vorschläge einbringen, die aus guten Gründen abgelehnt, verändert oder verschoben werden können, betreiben sie *Ko-Produktion von kollektivem Sachverstand* (bzw. lt. Abb. 3.2, *integriertem Wissen*). Der eigene Beitrag wird *respektvoll* eingebracht, weil man weiß, dass eigenes Wissen begrenzt ist. Grenzerfahrungen setzen Lernprozesse in Gang (Loos, 2006, 94).[11]

---

[10] Der Kybernetik-Pionier William R. Ashby formulierte im *Law of requisite variety* den Satz *Only variety can destroy variety*. Ein System, welches ein anderes System steuert, kann mit Abweichungen umso besser umgehen, je mehr Verhaltensvarianten es hat (Ashby, 1970, 207).

[11] Loos weist darauf hin, dass sich Menschen, die sich auf Selbstreflexion als „kontemplative Arbeitsform" beschränken, ausschließlich im Rahmen eigener Vorannahmen, Bilder, Meinungen und Vermeidungsmuster bewegen (S. 58).

Das Prinzip *Encourage learning* verbessert die Anpassungsfähigkeit an neue, oft unerwartete Bedingungen durch Lernprozesse. Um Systemdynamiken verstehen zu können, benötigt man Raum für (interaktive) Reflexion und Imagination.[12] *Polycentric governance* (dezentrales Lenken) stärkt die Funktionsfähigkeit sozialer Systeme, weil in einem Umfeld, das viele Überraschungen bereithält, *am Ort des Geschehens* gelernt und gehandelt werden kann. Weick/Sutcliffe heben die *Fallacy of centrality* hervor (Trugschluss der Zentralität) (Weick & Sutcliffe, 2015, 127).

Die Ausführungen zeigen, dass die sozial-ökologischen Resilienz-Prinzipien auch für Organisationen relevant sind. Wie aber kann man sie so darstellen, operationalisieren und nutzen, dass Organisationen davon profitieren?

4.6   Das NEO–Haus

Die sozial-ökologische Perspektive der Resilienz ist dafür kritisiert worden, dass sie die Rollen einzelner Akteure und Machtverhältnisse nicht angemessen berücksichtigt (z. B. Olsson et al., 2015). Es besteht somit Bedarf an Akteurs-basierten Ansätzen mit Einbeziehung der sozialen Dimension (Cinner & Barnes, 2019). Zudem bliebe unklar, wie man Resilienz messen, beurteilen und zur Richtschnur politisch/organisationalen Handelns machen kann (Lade et al., 2020). Benötigt wird eine modellbasierte Methode, die sowohl den sozial-ökologischen Resilienz-Prinzipien als auch den Anforderungen in Organisationen gerecht wird und handlungsleitend ist. Der systemische *Status quo* sollte beurteilt, Maßnahmen gefunden und mit einem Aufwand durchgeführt und dokumentiert werden können, der deutlich geringer ist als z. B. der Aufwand zur Erlangung eines Zertifikats. Wie kann das Modell dazu aussehen? Ein *Haus* stellt bildlich den Bezug zu Organisationen her und kann mit den nötigen Anforderungen an *N*achhaltige *E*ntwicklung in *O*rganisationen ausgestattet werden (es heißt dann folgerichtig „NEO-Haus").

Im sozial-ökologischen Resilienz-Ansatz gelten vier Aspekte als konstitutiv: *Precariousness, Latitude, Resistance* und *Panarchy* (Walker et al., 2004, 5). Sie basieren auf den zentralen Theorien des Ansatzes, stellen *Schlüsselkategorien* dar und sind damit perfekte Säulen des NEO-Hauses. Im Folgenden werden sie erläutert und in Kategorien übersetzt, die für Organisationien relevant sind. Außerdem

---

[12] Martin hebt die Bedeutung des *abduktiven Denkens* hervor, das unter Unsicherheit das *what might be* vorstellbar macht (Martin, 2009, 146), siehe auch Kapitel sechs.

werden sie (teilweise mittels geeigneter Kriterien) mit den Resilienz-Prinzipien verknüpft:

1. *Precariousness* steht für den Abstand des Systems von kritischen Schwellen und bezeichnet die **Systemgefährdung.** Sie umfasst alles, was die Funktionalität einer Organisation einschränkt oder zerstört, wie Zahlungsunfähigkeit, Verlust von Leistungsträgern, Katastrophen etc. Diese Kriterien enthalten die *slow variables,* die systemregulierenden Faktoren.

2. *Latitude* bezeichnet die Ausdehnung „attraktiver Becken" und definiert damit die Komfortzone, innerhalb derer Organisationen unter gewohnten Bedingungen manövrieren können. Ihre Ausdehnung hängt von der Art und Vielfalt nutzbarer aktueller **Leistungsmerkmale** ab wie Qualität/Verfügbarkeit der Angebote, Preis-Leistungsverhältnis, operative Exzellenz etc. Leistungsmerkmale bestimmen, inwieweit Schocks mit vorhandenen Mitteln verkraftet werden können. Dazu sollte auch das Resilienz-Prinzip *Manage connectivity* gehören.

3. *Resistance* steht für Widerstand gegen Veränderungen. Bei Organisationen mit **Lern- und Anpassungsfähigkeit** ist dieser Widerstand gering. Sie können neue Leistungsmerkmale entwickeln, um Komfortzonen zu erweitern. Dazu benötigen sie geeignete „Sensoren" und die nötige Vielfalt an Lösungsoptionen, gemäß dem Resilienz-Prinzip *Maintain diversity and redundancy.* Sensorisch-perspektivische Vielfalt basiert auf dem Prinzip *Broaden participation* und einer reflexiven Interaktionskultur, mittels derer Positionen hinterfragt, neues Wissen erzeugt und tragfähige Entscheidungen getroffen werden können. Nutzerbedürfnisse können durch Interaktion mit Nutzern erkannt und in Lernschleifen erfüllt werden. Natürlich findet auch das Resilienz-Prinzip *Encourage learning* Ausdruck in der Kategorie Lern- und Anpassungsfähigkeit.

4. *Panarchy* steht für systemrelevante Dynamiken in unterschiedlichen Raum-/Zeitskalen. Diese Kategorie wird in **Umgang mit Abhängigkeiten** übersetzt. Hier spielen z. B. die Attraktivität einer Marke und Nutzenbotschaft eine Rolle, aber auch die Robustheit von Beziehungen und das „Inszenierungs-Potenzial". Das Resilienz-Prinzip *Manage feedbacks* ist hier einzuordnen.

Die in den Schlüsselkategorien genannten Kriterien sind Leistungsindikatoren, deren Ausprägung Verantwortliche durch Selbsteinschätzung auf numerischen Skalen beurteilen können. Organisationen müssen jedoch noch weitere Anforderungen erfüllen, um Gefahren abwenden, Leistungsmerkmale, Lern- und

Anpassungsfähigkeit sowie sinnvollen Umgang mit Abhängigkeiten hingegen entwickeln zu können. Dazu gehört ihre *Lenkbarkeit*. Um sie zu gewährleisten, bedarf es in sich konsistener Orientierungsgrößen wie dem Zweck der Organisation sowie ihre Werte, Ziele und Anforderungen, die allen Beschäftigten vertraut sein sollten und mit denen sie sich idealerweise identifizieren. Das schafft einen kollektiven Sinnbezug und ermöglicht kohärentes Handeln (Rüegg-Stürm, 2004, 80, s. auch Kap. 5). Lenkbarkeit ist eine *Querschnittskategorie*. Sofern sie auch integratives, dezentrales Steuern enthält, unterstützt sie das Resilienz-Prinzip *Promote polycentric governance systems*. Organisationale Resilienz hängt weiterhin von der Qualität der Aus- und Fortbildung der Fach- und Führungskräfte ab. Diese zweite Querschnittskategorien stärkt das Human-, Sozial- und Wissenskapital. Außerdem ermöglicht sie einmal mehr die Umsetzung des Prinzips *Encourage Learning,* und weiterhin die Umsetzung des Prinzips *Foster complex adaptive systems thinking.*

Bei passender Ausstattung mit entsprechenden Kriterien können in den sechs Kategorien alle Resilienz-Prinzipien abgebildet werden. Das gilt auch für *Resonanzfähigkeit, Reflexivität, Steuerungsfähigkeit, Selbstorganisation* und *Machtausgleich* zwischen Akteuren. Das sind „instrumentelle Regeln" im IKoNE-Konzept (siehe Kap. 2), die auch für Organisationen gelten (Kopfmüller et al., 2001, 174). Sie werden durch die NEO-Kategorien *Lern- und Anpassungsfähigkeit, Lenkbarkeit* sowie *Aus- und Fortbildung* unterstützt.

Anhand dieser Kategorien können Organisationen jedoch die Transformation in Richtung Nachhaltigkeit noch nicht beschleunigen. Resilienz macht sie zwar bestandsfähig, veranlasst sie jedoch nicht dazu, normative Größen wie *Gerechtigkeit* und *Verantwortung* zu berücksichtigen. Impulsgeber für Nachhaltigkeit übernehmen ökonomische, ökologische und soziale Verantwortung. Inwieweit sie ihrer ökonomischen Verantwortung gerecht werden, zeigen sie, indem die in der Kategorie *Systemgefährdung* niedrige, in den Kategorien *Leistungsmerkmale, Lern- und Anpassungsfähigkeit* sowie *Umgang mit Abhängigkeiten* hingegen hohe Werte erzielen. Ihre „ökologische Verantwortungsreife" kann anhand substanzieller Regeln im IKoNE-Konzept beurteilt werden, die für Organisationen relevant sind:

- Die Nutzungsrate erneuerbarer Ressourcen überschreitet nicht die Regenerationsrate
- Erhalt der Reichweite nicht erneuerbarer Ressourcen
- Keine Überforderung der Natur als Senke
- Vermeidung technischer Risiken zum Schaden von Menschen und Umwelt

Während man die ersten drei Regeln in der Querschnitts-Kategorie *Nachhaltiger Umgang mit natürlichen Ressourcen* zusammenfassen kann, benötigt die Vermeidung technischer Risiken eine eigene Kategorie. Zur Beurteilung der „sozialen Verantwortungsreife" bietet IKoNE folgende, von Organisationen beeinflussbare Regeln:

- Schutz der Gesundheit
- Chancengleichheit im Bereich Bildung, Beruf, Information
- Möglichkeit der Teilhabe an Entscheidungsprozessen
- Erhaltung des kulturellen Erbes und der kulturellen Vielfalt
- Erhaltung der sozialen Ressourcen (Kopfmüller et al., 2001, 172)

Durch Vielfalt, Einbeziehung und Interaktion können Chancengleichheit, Teilhabe, Erhalt kultureller Vielfalt und sozialer Ressourcen in mancher Hinsicht erfüllt werden, nicht jedoch Schutz der Gesundheit. Die Verfassung der Weltgesundheits-Organisation WHO beschreibt Gesundheit als „… *Zustand des vollständigen körperlichen, geistigen und sozialen Wohlergehens und nicht nur das Fehlen von Krankheit oder Gebrechen".*[13] Vermeidung von Gesundheitsrisiken für Beschäftigte, Gesundheitsfürsorge, Förderung eines inklusiven Betriebsklimas (im Sinne von Chancengleichheit und Teilhabe) sowie *Empowerment* (erfordert u. a. „kulturelle Freizügigkeit") sind Hebel zur Umsetzung des umfassenden Gesundheitsverständnisses der WHO. Merkmale wie diese prägen die Querschnitts-Kategorie *Gesundheit.*

Nach diesen Überlegungen können die Resilienz- und Nachhaltigkeitskategorien für Organisationen im „NEO-Haus" abgebildet werden. Es besteht aus vier Säulen und fünf Querverbindungen (Abb. 4.4). Seine Architektur bietet Organisations-Gestaltern umfassende Orientierung, weil sie einen ganzheitlich-systemischen Blick auf Erfordernisse sowohl der Resilienz als auch der Nachhaltigkeit unter zentralen organisationalen Aspekten ermöglicht. Die *Führung,* die in den Zertifizierungs-Ansätzen des Resilienz-Managements beurteilt wird, wird darin nicht explizit adressiert. Warum?

Führung gilt als gegenseitige Einflussnahme, Interaktion und permanente Gestaltung einer Unternehmensrealität zur gemeinsamen Zielerreichung (Franken, 2010, 257). Wenn Führung gestaltet, obliegt ihr auch die Erfüllung der Resilienz- und Nachhaltigkeits-Kriterien. Inwieweit sie dem gerecht wird, zeigen

---

[13] WHO: Verfassung, unterzeichnet in New York am 22. Juli 1946, von der Bundesversammlung genehmigt am 19. Dezember 1946, deutsche Übersetzung (Stand 6. Juli 2020).

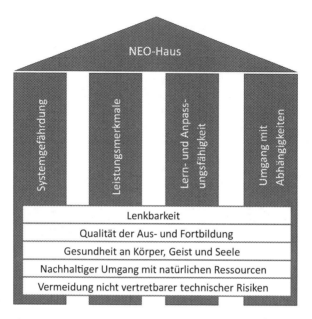

Abb. 4.4 NEO-Haus

die Erfüllungsgrade der Kategorien, die damit *Indikatoren der Führungsquali-tät* sind. Führung beeinflusst auch das Mindset und die Art zu denken bei den Beteiligten. Davon wird im sechsten Kapitel die Rede sein.

Wichtige Fragen bleiben jedoch zu klären: Wird das NEO-Haus auch den Her-ausforderungen der heutigen „Wissensökonomie" gerecht? Hilft es beim Umgang mit Verhaltensweisen, die weit verbreitet sind, im 21. Jahrhundert jedoch als dys-funktional gelten müssen? Können nachhaltigkeitsrelevante Gegensätze integriert werden? Um diese Fragen beantworten zu können, gilt es, zuvor die heutigen Prämissen organisationaler Gestaltung in den Blick zu nehmen.

Prämissen organisationaler Gestaltung 5

5.1 Feeling in-control

In Organisationen wird *organisiert,* und damit *gestaltet,* um die Arbeit sinnvoll zu verteilen und an übergeordneten Zielen auszurichten (Burton, 2013, 42–44; Frese et al., 2012, 6). Ziele sind die Grundlage erfolgreicher Gestaltung. Ein übergeordnetes Ziel von Organisationen ist, in einem turbulenten Umfeld zu überleben, wozu sie Resilienz benötigen. Aber worauf sollten Organisations-Designer achten?

Simon hat erkannt, dass bei neueren Organisationsformen der Designfokus weniger auf *Strukturen* als vielmehr den *Entscheidungsprozessen* und dem Zugang zu Informationen liegt (Simon, 1997). Design ist ein Stück weit „Informationslogistik": Relevante Informationen müssen zur richtigen Zeit am richtigen Ort verfügbar sein, damit gut entschieden werden kann. Das Spektrum relevanter Informationen ist jedoch so vielfältig wie ihre Quellen. Es beinhaltet Angaben zu Mengen und Beschaffenheiten (materielle Informationen), Informationen zu Ereignissen, Zusammenhängen und Ergebnissen, Erwartungen (Ergebnis von *Interpretationen* der Ereignisse, Zusammenhänge und Ergebnisse) bis hin zu Werten (axiologische Informationen, vgl. Strikwerda, 2012). Informationen müssen erfasst, bereinigt, gespeichert, geteilt, interpretiert und diskutiert werden, um den Fluss von Materie, Energie, Daten und Wissen lenken zu können. Aktivitäten innerhalb von und zwischen organisationalen Einheiten werden dadurch *koordinierbar,* Organisationen werden *lenkbar* (Galbraith, 2012). Dann gelten sie als *in-control.* Was aber heißt das genau?

To be in-control hat nichts mit dem Versuch misstrauischer Vorgesetzter zu tun, jeden Atemzug ihrer MitarbeiterInnen verfolgen zu wollen. Vielmehr geht es darum, über die Informationen und sonstigen Mittel zu verfügen, die nötig sind,

P. Kinne et al., *Organisationen als Transformationsbeschleuniger,* essentials, https://doi.org/10.1007/978-3-662-65530-6_5

um erfolgskritische Maßnahmen durchführen und funktionswichtige Ressourcen (incl. Zugang zu neuen Betätigungsfeldern) beschaffen zu können. Welche Informationen das sind, wird unterschiedlich beurteilt. Senge hält die *bürokratische* Vorstellung von *to be in-control* (nicht die *kybernetische*) für eine Illusion. Deshalb sollten Manager das Bedürfnis *to feel in-control* nach bürokratischem Muster aufgeben (Senge, 1990, 291). In sozialen Systemen existieren nicht-transparente Dynamiken und „Informationsfilter" bzw. „Rahmungen", die sich gegenseitig bedingen (mehr dazu in Abschn. 5.2). Eine alternative Auffassung von *feeling in-control* betrifft den Einfluss auf fundamentale Orientierungsgrößen, auch *Input-Control* genannt (De Witt & Meyer, 2004). Was Leitende, wenn nicht kontrollieren, so doch kennen sollten, sind Abläufe, informelle Informationskanäle, „Stories", Überzeugungen, Motive, Fähigkeiten und Loyalitäten. Letztere basieren auf der Identifikation mit Aufgaben, Gruppen, der eigenen Organisation, anderen Organisationen, der Familie und sonstigen Identifikationsobjekten (March & Simon, 1993, 2, 13, 14). Solche Elemente sind Bestandteil des Human- und Sozialkapitals, das sich einer analytischen Kontrolle entzieht und kognitiv schwer erfassbar ist. In diesem Kontext handeln intelligente Manager meist *intuitiv*. Das funktioniert immer dann, wenn Intuitionen auf brauchbaren Erfahrungen beruhen (Gigerenzer, 2008). Welche weiteren Besonderheiten müssen Organisations-Designer beachten?

Interaktions-Arenen

Organisationen kann man als „Interaktions-Arenen" bezeichnen, in denen Informationen in Netzwerken und internetbasierten *Information Spaces* fließen und Kooperation möglich wird. In der Wissensökonomie verdient Interaktion nicht weniger Aufmerksamkeit als die *Transaktion* von Gütern (Foss & Michailova, 2009). Um ihr einen Sinn zu geben, sollten normative Größen wie der Zweck der Organisation *(Warum gibt es uns?)*, ihre Werte *(Wofür stehen wir?)*, Ziele *(Was wollen wir?)* und Regeln *(Was gilt bei uns?)* in Symbolen, Narrativen, Anforderungen, Anreizstrukturen und Abläufen verankert sein. Eine besondere Größe ist eine von allen Beschäftigten geteilte *Vision*. Für Senge ist sie Basis organisationalen Lernens, die Zukunftsbilder Einzelner zu einem Bild zusammenführt, das größer ist sie selbst (Senge, 1990, 209). Der prägende Einfluss normativer Größen ersetzt die Chandler-Regel *structure follows strategy* durch die Regel *process follows (value)proposition* (Strikwerda, 2012). Kanter weist drauf hin, wie ernst fortschrittliche Unternehmen ihre Werte nehmen. Nach 340 Gesprächen und Beobachtungen in 20 Ländern schreibt sie:

„Vanguard companies go beyond the lists of values posted on walls and websites by using their codified set of values and principles as a strategic guidance systems."

(Kanter, 2009, 57). Dem folgt ein Plädoyer für wertebasierte, gegenseitige und Selbst-Kontrolle:

„… belief in the purpose and embrace of values generate self-guidance, self-policing, and peer responsibility for keeping one another aligned with the core set of principles." (ebd., 59)

Der Gebrauch normativer Größen beendet die Dominanz von Finanzgrößen wie z. B. EBIT (Gewinn vor Zinsen und Steuern). Da diese zum Zeitpunkt der Entscheidung ohnehin nicht präzise kalkulierbar sind, bedürfen sie der Ergänzung durch immaterielle Größen mit multiplen Zielfunktionen. Das macht die Orientierung zwar komplexer, steigert aber den *Orientierungswert,* weil sie andere Handlungsimpulse vermitteln als abstrakte Finanzgrößen (Jensen & Wruck, 1998).

Organisations-Designer sehen sich weiterhin mit Fragen wie diesen konfrontiert: Wo liegen angesichts von Information Spaces, Netzwerken, Open Innovation, Outsourcing und verteilten Besitzrechten die *Grenzen* des Systems, mit Hinblick auf den Ort der Wertschöpfung und die rechtliche Konstruktion? (Roberts, 2004). Wie verlaufen die Grenzen in unterschiedlichen Projekten? Wie beeinflussen rapide fallende Informationskosten und steigende Übertragungsgeschwindigkeit (durch Big Data, preiswerte Sensortechnik, Algorithmen, künstliche Intelligenz etc.) das Organisationsdesign? Welche Informationen können/sollten digitalisiert werden? Wie geht man mit immateriellen Ressourcen um, wann ist *Re-Design* angebracht?

Sensemaking und psychologische Sicherheit

Weil Organisationen soziale Systeme sind, ist Organisations-Design ein Prozess *sozialer Konstruktion* (Berger & Luckmann, 1966). Das gilt auch für *Sensemaking,* ein Erkundungsprozess, auf dem die spätere Designlösung basiert. Zustände müssen ergründet werden, damit man sie verändern kann. Dabei spielt das interaktive Entwickeln von *Begriff* und *Wahrnehmung* eine wichtige Rolle. Nach Kant sind Wahrnehmungen ohne passende Begriffe *blind*. Begriffe wiederum sind *leer,* wenn es ihnen an Substanz fehlt. Sie entstehen in Köpfen voller „Etiketten" und Abstraktionen, jedoch ohne Spezifika (Miller, 2011). Bei Ko-Produktion von Begriffen und Wahrnehmungen werden Begriffe *voller,* Wahrnehmungen werden *differenzierter.* Das verfeinert die Begriffe und schärft gleichzeitig die Wahrnehmung der Realität mit all ihren Facetten. Gehen unvoreingenommene Wahrnehmungen der Realität einher mit der Zugkraft einer geteilten, visionären Orientierung, entsteht eine kreative Spannung zwischen *Soll* und *Ist* (Senge, 1990, 357). Diese Spannung wird zur *kollektiven Energiequelle.* Liedtka weist auf ihren strategischen Wert hin:

„It is not merely the creation of the (strategic) intent itself, but the identification of the gap between current reality and the imagined future that drives strategy-making." (Liedtka, 2000)

Sofern ein *Sense of purpose* existiert und alle Mitglieder einer Gruppe *reflexiv offen sind* (Senge, 1990), können Wahrnehmungen, Begriffe, Ansätze, Erfahrungen und Erwartungen geteilt, geordnet, gewichtet und kombiniert bzw. *integriert* werden. Das vermittelt ein *Gefühl der Sicherheit*. In psychologisch unsicheren Arenen traut sich außer dem Chef niemand, Meinungen, Ideen, Bedenken und Kritik einzubringen, weil man Nachteile befürchtet. Man zieht den (unmittelbaren) Selbstschutz dem (mittelbaren und unsicheren) Verbesserungseffekt vor. Edmondson zeigt, was angstbasiertes Verhalten anrichten kann, das durch autoritäres, abwertendes Verhalten „zementiert" wird (Beispiele sind der Dieselskandal bei VW, die Katastrophe beim Spaceshuttle Columbia etc.). In einer Google-Studie hat sich psychologische Sicherheit als Grundlage produktiver Teamarbeit erwiesen. Edmondson schreibt:

„We learn …, that people often hold back even when they believe that what they have to say could be important for the organization, for the customers, for themselves." (Edmondson, 2019, 30).

5.2 Dysfunktionales Verhalten in der VUCA-Welt

In Organisationen interagieren Menschen, deren Rationalität naturgemäß begrenzt ist. Das Geschehen um sie herum überfordert ihre kognitive Verarbeitungskapazität, von Simon passend *bounded rationality* genannt. Das veranlasst sie dazu, Kompensationsstrategien in Stellung zu bringen. Cyert und March haben in den 1960er Jahren studiert, wie unter diesen Bedingungen Erwartungen und Entscheidungen zustande kommen und Kontrolle ausgeübt wird (March & Simon haben die Erkenntnisse später bestätigt) (March & Simon, 1993).[1] Zentral ist die *Suche nach Lösungen* (search):

- *Search is motivated*
  Die Suche nach Lösungen bedarf eines Impulses in Form eines *Problems,* wenn z. B. Ziele verfehlt wurden oder die Zielerreichung gefährdet ist. Weder geht es um Befriedigung persönlicher Neugier noch um intrinsisch motiviertes Streben nach Erkenntnis an sich.
- *Search is simple-minded*
  Die Suche nach Lösungen basiert auf einer (zu) einfachen Vorstellung von *Kausalität*. Man sucht die Lösung vor allem (wenn nicht ausschließlich) bei

---

[1] Aufgrund dieser Erkenntnisse wurden bereits in den 1960er Jahren Methoden der Technikfolgenabschätzung eingeführt.

Problem-Symptomen, in der Nähe bekannter Lösungen, und bearbeitet sie in Teilschritten. Nicht unmittelbar erkennbare oder unbeabsichtigte Neben- und Fernwirkungen bleiben oft unberücksichtigt. Das erinnert an die von System-denkern kritisierten „short-term optimizers". Radikal neue Ansätze kommen erst in Betracht, wenn sich Symptome als hartnäckig erweisen (genau das pro-phezeit Senge, wenn Symptome, nicht aber Ursachen behandelt werden). Man berücksichtigt eine begrenzte Anzahl von Alternativen, vorzugsweise solche, die als *sicher* gelten und deren Folgen absehbar sind.

• *Search is biased*

  Wissens- und Erfahrungslücken, das Zusammenspiel unterschiedlicher Hoffnungen und Erwartungen (*Wirkannahmen mit empirisch brüchigem Funda-ment,* Frese et al., 2012, 36, 37) sowie ungelöste Konflikte machen Entscheider voreingenommen (Cyert & March, 1963, 102, 120–122; Dong et al., 2017).

Erwartungen sind von Ereignissen abgeleitete Schlussfolgerungen. Entscheidun-gen wiederum basieren auf Erwartungen. Aber sowohl das Erfassen und Deuten von Ereignissen und Informationen als auch die Schlussfolgerungen sind von per-sönlichen Erfahrungen, Motiven, Interessen und kognitiven Kapazitäten geprägt. Diese Attribute wirken wie *Informationsfilter* und führen dazu, dass Realitä-ten subjektiv *gerahmt* werden.[2] Beides beeinträchtigt die Verlässlichkeit von Aussagen (Cyert & March, 1963, 81; Kahnemann, 2012, 370).

Im Rahmen der Handlungswissenschaften hat Argyris ein weiteres Phäno-men erforscht: Bei Akteuren stimmen „Espoused theory" und „Theory-in-use" oft nicht überein. Kommunizierter Anspruch ist dann ungleich gelebte Wirklich-keit. Man predigt zwar Kritikfähigkeit, ist aber alles andere als kritikfähig, weil man von Kindesbeinen an gelernt hat, sich durch *defensive Routinen* davor zu schützen, mit Schwächen der eigenen Position konfrontiert zu werden. Die Wirk-samkeit dieser Verteidigungsstrategie basiert auf ihrer *Nicht-Diskutierbarkeit,* die ihre Existenz verdeckt. Weil aber *alle* Mitglieder einer Organisation (wie kultu-rübergreifend die meisten Menschen) Geschick im Nutzen defensiver Routinen entwickelt haben, ist die Wahrscheinlichkeit hoch, dass innerhalb und zwischen Gruppen Konflikte entstehen, mit *Wettbewerb statt Kooperation, Misstrauen statt Vertrauen,* und *nicht-hinterfragtem Gehorsam* statt *informiertem Dissens.* Solche Verhaltensmuster kennzeichnen Systeme, in denen ein sich selbst erfüllender, sich selbst *abdichtender* und *eskalierender* Irrtum immer dann vorprogrammiert ist,

---

[2] Psychologen sprechen von *Frames,* die durch die Art und Weise entstehen, wie Realität beschrieben wird. Kahnemann verweist auf das *What you see is all there is* – Phänomen (WYSIATI): Menschen glauben das, was sie zu sehen (oder zu hören) bekommen. Was dabei zählt, ist die *Kohärenz der Story,* nicht ihre *Vollständigkeit* (Kahnemann, 2012, 87).

wenn es die Aufgabe erfordern würde, Grundannahmen zu hinterfragen (Argyris, 1999, 84). Für gemeinsames Lernen sind defensive Routinen *dysfunktional,* weil neues Wissen nicht entsteht: jeder geht mit der Position nach Hause, mit der er gekommen ist.[3] Wie es besser geht, wurde bereits beschrieben. Dazu ein Zitat von Barbara Czarniawska:

„Management is mindful when it is aware of its own expectations, the limited horizon of these expectations, and the need for ongoing corrections." (Weick & Sutcliffe, 2015, 30, 31).

Ebenfalls dysfunktional ist die weit verbreitete Eigenschaft, Wissen nicht in Handeln umzusetzen. Gerade im IT-unterstützten Wissensmanagement übersieht man oft, dass handlungsleitendes Wissen durch Handeln, Stories und Beobachtungen vermittelt wird. Kritische Umsetzer hinterfragen nicht nur das *Wie,* sondern auch das *Warum* einer Maßnahme. Sie benötigen Orientierungsgrößen, die ihrem Handeln einen Sinn geben (Pfeffer & Sutton, 1999). Ob sie wirklich handeln, hängt jedoch stark von Grundmotiven ab, die von unbewussten Belohnungserwartungen geprägt sind. Sie entstehen durch das Zusammenspiel von Genen, epigenischen Faktoren, vor- und nachgeburtlichen Einflüssen und Lebenserfahrungen und formen die Persönlichkeit des Menschen (Roth, 2019).

Dysfunktional sind natürlich auch klassische „Denkfehler". Menschen neigen dazu, sich nur für Dinge zu interessieren, die sie unmittelbar betreffen, in der Nachbarschaft passieren oder im Gedächtnis gerade präsent sind (was sich beim Suchen nach Lösungen zeigt). Sie beachten nur Informationen, die ihr Weltbild bestätigen, überschätzen ihre Fähigkeit, Ereignisse vorauszusehen und blenden eigene Fehler aus. Forscher sprechen von „Kurzsichtigkeit beim Lernen" (Bazerman & Moore, 2009; Levinthal & March, 1993). Vor allem unter Politikern und Managern ist die Illusion verbreitet, Entwicklungen der Vergangenheit vollkommen verstanden zu haben und davon Patentrezepte für die Zukunft ableiten zu können. Dabei werden die Zufälle ausgeblendet, die Ereignisse erst haben eintreten lassen. Weil aber viele Ereignisse auf Zufälle zurückzuführen sind, sind sie nicht *reproduzierbar* (Kahnemann, 2012, 200, 201). Und nicht zuletzt greifen Menschen umso eher auf Bekanntes und Bewährtes zurück, je schwerer es ihnen fällt, Geschehnisse zu *dechiffrieren* (Schreyögg & Eberl, 2015). Auch diese

---

[3] Argyris unterscheidet zwischen Single-loop und Double-loop Learning. Letzteres hinterfragt die Grundannahmen von Positionen oder Lösungen, während ersteres darauf abzielt, bei Fehlschlägen neue Lösungen auszuprobieren, ohne deren Grundannahmen zu hinterfragen. In Organisationen dominiere Single-loop Learning, das permanent von defensiven Routinen begleitet wird (Argyris, 1999, 67–69).

Denkfehler erzeugen naturgemäß Filter und Rahmungen beim Umgang mit Informationen. Das kann den unvoreingenommenen Blick auf Dinge trüben, vor allem in einer VUCA-Welt. In öffentlichen Organisationen mit ihrem hohen Regelungsgrad bestimmen Routinen oder Programme den Arbeitsalltag. Sie werden durch Stimuli abgerufen, die ebenfalls Filter- und Rahmungsprozessen unterliegen. Mitunter zeigen sie nicht die gewünschte Wirkung, wenn sie beim Empfänger etwas anderes als vom Absender beabsichtigt auslösen oder missdeutet werden. Auch das liegt jenseits der Kontrolle seitens der Organisation. Diese offenbar zeitlosen Verhaltensmuster, zu denen auch defensive Routinen, Disparität zwischen kommuniziertem Anspruch und gelebter Wirklichkeit sowie *Single-loop Learning* gehören (Arbeiten an Symptomen), verursachen heute mehr Probleme als zu der Zeit, als die *Behavioural theory of the firm* entstand (die wie bereits erwähnt später von March & Simon bestätigt wurde). Aber warum?

Unsere Vorstellung von Ordnung basiert auf *Realität* (Existenz einer wahrnehmbaren Welt), *Kausalität* (Ursache-Wirkungsbeziehungen in dieser Welt) und *Absicht* (Grundlage von Entscheidungen, die in dieser Welt zu treffen sind). Eine Welt, die so dynamisch, ungewiss, komplex und mehrdeutig ist wie die heutige, bringt diese Ordnung ins Wanken, weil sie Spielräume zum Interpretieren von Realitäten und Kausalitäten eröffnet. Stimuli zum Abruf gelernter Programme fehlen oder sind so uneindeutig, dass man solche Programme als unsicher empfindet. Wenn dann noch wahre Absichten verborgen bleiben, entsteht eine für Organisationen kritische Gemengelage, die nicht nur das Interpretieren von Ereignissen, sondern auch das Formulieren geteilter Zukunftserwartungen erschwert. In diesem Kontext sind längerfristig tragfähige Entscheidungen ebenso wenig zu erwarten wie echte Innovationen.

In einer VUCA-Welt passiert vieles gleichzeitig und in hohem Tempo: Praktiken, Formate und Technologien ändern sich, ohne immer auch verstanden zu sein. Erfahrungen, Wahrnehmungen, Präferenzen und Interessen sind unbestimmt und wechselhaft. Situationen, Probleme, Lösungen, Wirkungen, Möglichkeiten, Ideen und die Menschen selbst ergeben einen undurchsichtigen Realitäts-Mix. Möglich, dass Entscheidungen, die zu einer bestimmten Zeit an einem bestimmten Ort getroffen werden, wenig mit Entscheidungen zu anderer Zeit an anderem Ort zu tun haben. Lösungen können den Bezug zu den zu lösenden Problemen verlieren, die Umsetzung von Strategien wird verschleppt bzw. findet nie statt. Entscheider gehen in „Entscheidungsarenen" ein- und aus und sagen manchmal das eine, tun aber andere. Oft gehen aus Entscheidungsprozessen wegen der Undurchschaubarkeit sozialer Systeme im VUCA-Umfeld gar keine Entscheidungen hervor (March, 1996, 176, 112, 177).

Dysfunktionale Verhaltensmuster können langlebig sein. Viele davon beruhen, wie bereits angedeutet, auf Bewertungsmechanismen, die in tieferen limbischen Arealen des Gehirns entstehen und dem Zugriff des Verstandes entzogen sind (Roth, 2019). Lernimpulse bleiben dann überraschend unwirksam. Organisations-Designer müssen diese Verhaltensmuster kennen, um einen adäquaten Umgang damit zu ermöglichen. Es fehlt jedoch noch eine weitere Gestaltungsprämisse.

5.3   Design-Prinzip Balance

Roger Martin beklagt das exzessive Streben nach *Effizienz,* dem Dogma der Industriegesellschaft der letzten Jahrzehnte, das er exemplarisch für die amerikanische Wirtschaft konstatiert hat.[4] Es habe zur Folge, dass immer größere Teile der Bevölkerung (Menschen, die in regelmäßigen Abständen ihr Votum zur Kombination von Demokratie und Kapitalismus abgeben) vom Wachstum der Wirtschaft nicht mehr profitieren und die Wirtschaft zunehmend von „Spielern" geprägt wird (Aktienhändler, Fondsmanager etc.). Diese wüssten das Effizienzdogma mittels neuester Informations-Technologie virtuos für sich zu nutzen:

„It is no wonder that tens of thousands of financial engineers work in trading departments across Wall Street and beyond, figuring out how to game stock markets for their narrow benefit."

Aus der Gaussschen Normalverteilung der Einkommen sei längst eine Pareto-Kurve geworden (Martin, 2020, 92, 66 f.). Martin fordert deshalb eine *Balance zwischen Effizienz* (deren Bedeutung er nicht infrage stellt) und *Resilienz* (für die er jedoch keine Kriterien liefert). Daraus ergeben sich für ihn drei Designprinzipien: Erstens *Design for Complexity,* um durch negative Rückkopplung einen volkswirtschaftlich gesunden Effizienzausgleich zu erreichen. Zweitens *Design for Adaptivity,* im Sinne einer Balance zwischen *Perfektion und Verbesserung,* und drittens *Design for Systemic Structure,* das auf Balance zwischen *Verbundenheit und Getrenntheit* abzielt (Martin, 2020). Das erinnert an das Resilienz-Prinzip *Manage connectivity.* An anderer Stelle bricht Martin eine Lanze für integratives Denken:

„Opposing models, in fact, are the richest source of new insights into a problem." (Martin, 2009, 124).

---

[4] Gründe dafür lieferten u. a. Adam Smith, David Ricardo, Frederic Taylor und Edwards Deming mit ihren einflussreichen Arbeiten zur Arbeitsteilung sowie zur Vermeidung von Überbeständen und Redundanzen, vgl. Martin, 2020, 39–43.

Integratives Denken sei kreativer Umgang mit erfolgskritischen Gegensätzen, die *in Balance* gebracht werden, um das Repertoire beim Umgang mit Herausforderungen der VUCA-Welt zu vergrößern. Das erweitert den Blick auf das System, in dem man agiert. Während integrative Denker an Details arbeiten, behalten sie das Ganze im Auge. Sie denken lieber im *Sowohl-als-auch-Modus als im Entweder-oder-Modus* (Martin, 2009, 41–43). Hier zeigt sich der Systemdenker. Aus einer Studie sind 13 Gegensatzpaare für Organisationen hervorgegangen. Sie beziehen sich auf Kriterien wie Zeitlicher Horizont *(Kurzfristig-Langfristig)*, Umgang mit Wissen *(Ausschöpfen-Erkunden)* und Grad der Veränderung *(Stabil-Dynamisch)*. Organisationen, in denen man ausgewogen in den Spannungsfeldern zwischen solchen Gegensätzen agiert und Synergien zwischen ihnen schafft, sind langfristig erfolgreicher (Kinne, 2013). Autoren des Club of Rome nannten weitere, für Gesellschaftssysteme relevante Gegensatzpaare mit Synergiebedarf, darunter *Privat-Öffentlich, Staat-Religion* und *Mensch-Natur* (v. Weizsäcker & Wijkman, 2018). Das letzte Gegensatzpaar liefert die Brücke zur ökologischen Perspektive.

5.4 Design-Prämissen im NEO-Haus

Die sozioökonomischen Prämissen organisationaler Gestaltung kann man wie folgt zusammenfassen:

- In der Wissensökonomie ist der Fokus der Organisations-Designer von der Organisationstruktur auf das Verarbeiten von Information verlagert.
- Befähiger von Resilienz und Nachhaltigkeit sind das Human-, Sozial- und Wissenskapital. Diese Ressourcen sind immateriell und damit schwer zu erkennen und zu bewerten.
- Weil das Wissen Einzelner begrenzt ist, müssen sie interagieren, um gemeinsam das nötige Wissen zu erzeugen. Interaktion wiederum benötigt einen Sinnbezug. Organisations-Designer müssen sinngebende Größen wie Zweck, Vision, Werte und Ziele in Symbolen, Narrativen, Anforderungen, Anreizen und Abläufen verankern.
- Die Produktivität der Interaktion hängt maßgeblich vom Ausmaß der von den Teilnehmern empfundenen psychologischen Sicherheit ab, einem Bestandteil des Sozialkapitals.
- Internet-basierte *Information Spaces* und wechselnde Partnerschaften machen Organisationsgrenzen fließend.

- Informations- und Interaktionsprozesse werden durch technischen Fortschritt und rapide fallende Kosten pro Einheit beeinflusst.
- Die Dynamik im Umfeld kann permanentes Re-Design erforderlich machen.
- Die begrenzte kognitive Verarbeitungskapazität von Menschen veranlasst sie zu „mentaler Kompensation". Informationsfilter, Rahmungen, defensive Routinen, Disparität zwischen Reden und Handeln sowie Denkfehler verringern den Realitätsbezug von Informationen. Sie sind dysfunktional, weil sie gemeinsames Lernen *behindern* und nachhaltige Lösungen *verhindern*.
- Die VUCA-Welt verstärkt den negativen Einfluss dysfunktionaler Verhaltensmuster, weil sie Zusammenhänge zwischen den konstitutiven Elementen von *Ordnung* (Realität, Kausalität, Absicht) verschleiern. Unsicherheit und Zielkonflikte nehmen dadurch zu.
- Systemwichtige Balanceeffekte müssen möglich sein.

Die NEO-Haus-Kategorien sind auch hinsichtlich dieser Gestaltungprämissen zu prüfen. Die folgenden Eigenschaften greifen sie auf und zeichnen eine Art *Idealbild des Organisationsdesigns*. In Klammern erscheinen die Kategorien, die sich auf die Prämissen beziehen. Sie sind mit entsprechenden Kriterien auszustatten:

1. Human-, Sozial- und Wissenskapital sind als Befähiger von Resilienz und nachhaltiger Entwicklung erkannt und werden gezielt entwickelt *(Lern- und Anpassungsfähigkeit, Gestaltung von Abhängigkeiten, Qualität der Aus- und Fortbildung, Gesundheit)*
2. Das Organisations-Design erleichtert Interaktion und den Fluss von Informationen *(Lern- und Anpassungsfähigkeit)*
3. Normative Orientierungsgrößen werden in Symbolen, Narrativen, Anforderungen, Anreizen und Abläufen verankert und geben der Interaktion den nötigen Sinnbezug *(Lenkbarkeit)*
4. Die für produktive Interaktion erforderliche psychologische Sicherheit wird durch Befragungen, Verhaltensregeln und Trainings gewährleistet *(Qualität der Aus- und Fortbildung, Gesundheit)*
5. Flexibles Gestalten von Informationsflüssen ist die Antwort auf fließende Systemgrenzen mit wechselnden Partnerschaften *(Gestaltung von Abhängigkeiten, Lenkbarkeit)*
6. Durch Digitalisierung profitiert die Organisation von sinkenden Kosten für das Verarbeiten von Informationen und steigert ihre operative Exzellenz *(Leistungsmerkmale)*
7. Der Abstand zu Schwellenwerten ist Indikator für die Notwendigkeit eines Re-Designs *(Systemgefährdung)*

8. Die begrenzte kognitive Verarbeitungskapazität der Beschäftigten kann durch sensorisch-perspektivische Vielfalt, reflexiv offene Interaktion, psychologische Sicherheit und geregelte Prozesse zum Erkennen und Erfüllen von Nutzerbedürfnissen (teilweise) kompensiert werden *(Lern- und Anpassungsfähigkeit)*

9. Dysfunktionales Verhalten kann durch Nutzung sensorisch-perspektivischer Vielfalt teilweise kompensiert werden *(Lern- und Anpassungsfähigkeit)*

10. Der Einfluss von Denk- und Verhaltensfehlern kann durch Bewusstmachen vermindert werden *(Lern- und Anpassungsfähigkeit* sowie *Qualität der Aus- und Fortbildung)*

11. Die Operationalisierung normativ-strategischer Orientierungsgrößen, das *Herunterbrechen auf lenkbare Elemente und Durchführen konkreter Maßnahmen*, verringert Zielkonflikte und liefert klare Handlungsimpulse *(Lenkbarkeit)*

12. Systemischen Denken und ausgewogene Ressourcenallokation ermöglichen die Balance zwischen Effizienz und Resilienz *(Lenkbarkeit, Qualität der Aus- und Fortbildung).*

13. Weitere erfolgskritische Gegensätze können integrativ gedacht und behandelt werden *(Lern- und Anpassungsfähigkeit, Qualität der Aus- und Fortbildung, Gestaltung von Abhängigkeiten)*

Neun der Eigenschaften in diesem Idealbild haben strukturellen Charakter (1–3, 5–7, 11, 12), zwei sind eher *habituell* (9, 10). Die Eigenschaften 4, 8 und 13 sind Mischformen. Die Neo-Kategorien tauchen in diesem Idealbild unterschiedlich häufig auf: am häufigsten *Lern- und Anpassungsfähigkeit* (sechsmal), dahinter *Qualität der Aus- und Fortbildung* (fünfmal) und *Lenkbarkeit* (viermal). Grund dafür ist, dass sie *Befähiger* der Kategorien *Systemgefährdung, Leistungsmerkmale, Umgang mit Abhängigkeiten, Gesundheit, Nachhaltiger Umgang mit natürlichen Ressourcen* und *Vermeidung technischer Risiken* sind.

Anhand der Kriterien im NEO-Haus können Resilienz- und Nachhaltigkeitsaspekte hinterfragt, Herausforderungen der Wissensökonomie, dysfunktionales Verhalten und Balanceeffekte können adressiert werden. In Tab. 5.1 sind die Kriterien aufgelistet. Ihre Relevanz und Vollständigkeit sind in praktischer Anwendung zu prüfen. Dazu wird nun der Ansatz in den Blick genommen, der sich beim Lösen komplexer Aufgaben bewährt hat.

Tab. 5.1 Kriterien im NEO-Haus

Kriterien der Kategorien systemischer Resilienz („Vier Säulen")

Systemgefährdung	Leistungsmerkmale	Lern- und Anpassungsfähigkeit	Umgang mit Abhängigkeiten
Nicht erkannte Trends	Funktionalität und Exklusivität der Leistung	Systemische Sensoren intern und extern	Reputation, Image
Disruption im Geschäftsfeld	Reproduzierbare Qualität	Perspektivische Vielfalt	Attraktivität der Nutzenbotschaft
Ausfallrisiken in der Wertschöpfungskette	Preis-Leistungsverhältnis	Reflexiv offene Interaktions und Dialog-Kultur	Robustheit wichtiger Beziehungen (funktional, emotional, rechtlich)
Verlust wichtiger Austauschpartner	Lieferbereitschaft	Fähigkeit, Entscheidungen zu treffen bzw. herbeizuführen	Narrativ- und Inszenierungs-Potenzial
Anhaltender Verlust von Leistungsträgern	Verlässlichkeit bei Zusagen	Fähigkeit, Entscheidungen umzusetzen und Ergebnisse zu evaluieren	
Probleme, Fachkräfte zu gewinnen	Operative Exzellenz	Systematisches Erkunden und Erfüllen Nutzerbedürfnissen	
Zahlungsunfähigkeit	Gemanagte Konnektivität der Leistungen		
Haftungs- und Prozessrisiken	Finanzkraft		
Katastrophen:	Innovationskraft		
Stürme,	Skaleneffekte		
Überschwemmungen	Nutzung von Synergien		
Erdbeben, Seuchen	Stand der Technologie		
Krieg/Bürgerkrieg	Cybersicherheit		

(Fortsetzung)

Tab. 5.1 (Fortsetzung)

Kriterien der Querschnitts-Kategorien

Lenkbarkeit	Qualität der Aus- und Fortbildung	Gesundheit (WHO)	Erhalt natürlicher. Ressourcen	Vermeidung techn. Risiken
Orientierung über Zwecke, Werte, Ziele, Anforderungen etc. Integrative, dezentrale Steuerung Ausgewogene Ressourcenallokation	Führungskräfte Fachkräfte	Vermeidung von Gesundheitsrisiken Aktive Gesundheitsfürsorge Inklusives Betriebsklima Empowerment (als angestrebte Befindlichkeit)	Nutzungsrate erneuerbarer Ressourcen überschreitet nicht Regenerationsrate Erhalt der Reichweite nicht erneuerbarer Ressourcen Keine Überforderung der Natur als Senke	Zum Schaden des Menschen Zum Schaden der Umwelt

6.1 Herkunft, Prinzipien, Prozess

Der Begriff „Design Thinking" (DT) taucht in den 1960er Jahren in den USA auf (Wolff, 2019, 5). Ging es zunächst um die Gestaltung körperlicher Produkte, nutzte man DT später zunehmend als Methode zur Lösung komplexer Aufgaben. Richtungsweisende Beiträge lieferte die Design- und Innovationsagentur IDEO in Palo Alto, die seit ihrer Gründung 1978 „Human centered design" praktiziert. Das erweiterte Verständnis eröffnete mit Beginn der 2000er Jahre den Weg in neue Anwendungsfelder, die man mit dem Designbegriff ursprünglich nicht in Verbindung brachte, wie Innovation von Geschäftsmodellen, Entwicklung von Visionen und Strategien, Social Innovation, Policy- und Organisations-Design.

Hasso Plattner (Mitgründer von SAP) stattete die an der Stanford University 2004 gegründete „d.School" aus und gründete 2007 die School of Design Thinking an dem nach ihm benannten Institut in Potsdam. Nach deren Muster wird DT heute an Hochschulen und Forschungseinrichtungen gelehrt und praktiziert, Letzteres in Start-ups und Industrieunternehmen, bei Dienstleistern, im Energie- und Transportsektor (Abb. 6.1) (Uebernickel & Gerken, 2020). Intensivnutzer ist die Informationstechnologie, ein Hauptakteur der „digitalen Transformation".

DT gilt heute als ganzheitlicher Ansatz, mit Prinzipien, einem Referenzprozess, dem passenden Mindset (nächstes Kapitel) und passenden Werkzeugen. Diese Elemente befinden sich auf unterschiedlichen Ebenen (Levels) der Operationalisierung und unterstützen sich gegenseitig (Abb. 6.2) (Carlgren et al., 2016, 38). Folgende Prinzipien gelten als konstituierend:

P. Kinne et al., *Organisationen als Transformationsbeschleuniger*, essentials,
https://doi.org/10.1007/978-3-662-65530-6_6

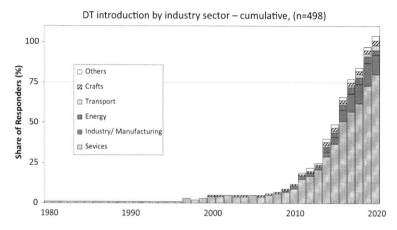

Abb. 6.1   Einführung von Design Thinking in Unternehmen unterschiedlicher Branchen

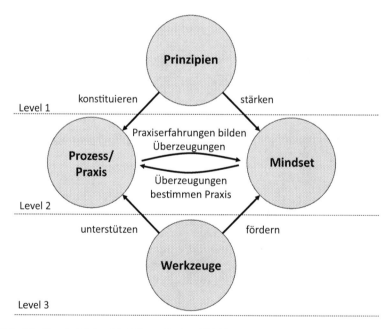

Abb. 6.2   Ganzheitliches Modell von Design Thinking

1. Betrachtung der Nutzer in ihrer Umwelt, Entwicklung eines vertieften Verständnisses ihrer (unerfüllten) Bedürfnisse
2. Arbeit in Teams aus Menschen mit unterschiedlichen Wissens- und Erfahrungshorizonten. Komplexe Probleme sollen aus unterschiedlichen Perspektiven betrachtet und möglichst vollkommen verstanden werden.
3. Dialoge auf Augenhöhe, um Bedeutungen und Sinn gemeinschaftlich zu erkennen. Hier spielt psychologische Sicherheit eine wichtige Rolle
4. Entwicklung unterschiedlicher Lösungsoptionen, um die Chance einer erfolgreichen Einführung zu verbessern
5. Stringente Methode aus Analyse – Synthese – Experiment und Test (Liedka, 2020)

Weil DT in sozialen Systemen praktiziert wird, weisen die Prinzipien 1–4 Parallelen zu den Resilienz-Prinzipien und Anforderungen systemischen Handelns auf. Prinzip 5 betrifft hingegen den *Prozess,* der die anderen Prinzipien für Gestaltungszwecke anwendbar macht. Er umfasst zwei Zyklen (Abb. 6.3) (Osann et al., 2020). Im *Orientierungs-Zyklus* wird das Problem analysiert, gedanklich durchdrungen, neu gerahmt und damit die Aufgabe konkretisiert. Im *Lösungs-Zyklus* werden Lösungen entwickelt, getestet und verbessert. Input des Prozesses ist die vorläufige Beschreibung des Problems, das oft zunächst „unscharf" erscheint.

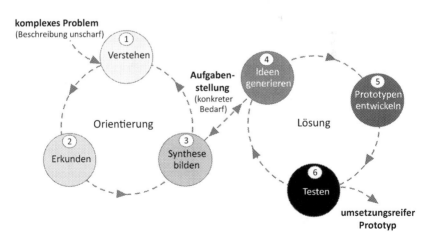

Abb. 6.3 Design Thinking Prozess

Der Orientierungs-Zyklus endet, wenn das Problem zur Genüge verstanden ist und die Aufgabenstellung den Nutzererwartungen entspricht. Der Lösungszyklus endet, wenn ein Prototyp den Test besteht und umsetzungsreif ist. Die Zyklen können jederzeit reaktiviert werden. Im Folgenden werden die einzelnen Phasen der beiden Zyklen näher beschrieben:

Orientierungs-Zyklus

• **Verstehen:** Das Problem soll erkannt, Ursachen identifiziert und mit Hinblick auf die Vorstellungen der Nutzer verstanden werden. Relevante Informationen werden gesammelt, Erkenntnisse abgeglichen.
• **Erkunden:** Das Problemverständnis wird mit den Nutzern der Lösung überprüft, vertieft und erweitert. Gespräche und Beobachtungen helfen, die Nutzersicht so gut wie möglich zu erfassen.
• **Synthese bilden:** Aus vorliegenden Informationen wird die Design-Aufgabe abgeleitet. Gestaltungsprämissen (Abschn. 5.4) sind für gute Designer Inspirationsquellen, keine Hindernisse. Ihre Existenz unterscheidet *Design* von *Kunst,* bei der es keine regelgebenden Prämissen gibt (Kolko, 2011, 43).

Lösungs-Zyklus

• **Ideen generieren:** Es werden möglichst viele Lösungsideen generiert und anschließend einem Auswahlprozess unterzogen.
• **Prototypen entwickeln:** Anhand eines Prototyps kann die Funktionalität der Lösung veranschaulicht, die Konzeptidee weiter ausgeformt werden.
• **Testen:** Der Lösungsvorschlag wird vom Nutzer begutachtet und ausprobiert.

Output des Prozesses ist ein umsetzungsreifer Prototyp. Das können sowohl körperliche Gegenstände als auch Strukturen und Abläufe, Geschäftsmodelle, Strategien, Softwareanwendungen, Spiele etc. sein. Erfolgskritisch ist eine Umgebung, in der Interaktion und Visualisierung, kreatives Ausprobieren und „Modellbau", szenisches Spiel und Diskussion möglich sind und Rückzugsmöglichkeiten für Recherchen existieren. Das Repertoire an Werkzeugen enthält z. B. ethnographische Methoden (Interview/Beobachtung), Stakeholder-maps (Darstellung Betroffener/Beteiligter), Journey-maps (Visualisierung des Nutzerverhaltens) und Brainstorming (Micheli et al., 2019).

6.2 Mindset und neue Logiken

Ergebnis erfolgreicher Designprozesse ist Verbesserung bzw. Innovation. Sie entsteht an der Schnittstelle von *Erwünschtheit* (im Sinne des Nutzers), *Machbarkeit* (technische Grenzen) und *Wirtschaftlichkeit,* als Teil der Gestaltungsprämissen (Brown & Katz, 2009). Innovation gelingt vor allem dann, wenn Prinzipien, Prozesse und Werkzeuge von einem bestimmten Mindset der Teammitglieder getragen werden:

- Abschied von Vorurteilen, wie Dinge funktionieren
- Keine limitierenden Erwartungen, was passieren wird
- Streben nach umfassendem Verständnis der Sachverhalte
- Offenheit für neue Möglichkeiten und Perspektiven
- Einfache Fragen
- Dinge ausprobieren und daraus lernen (Lewrick et al., 2020)

Wer frei ist von Vorurteilen, neigt weniger zu Verallgemeinerungen und schätzt sogar konträre Sichtweisen. Auch dieser Mindset weist Parallelen zu Resilienz-Prinzipien und Erkenntnissen des Systemdenkens auf. Die Anwendung von DT in Organisationen liefert umsetzungsreife Lösungen, löst verfestigte Denkhaltungen, flexibilisiert das Handeln und macht Organisationen agiler. Dabei spielt eine andere Logik im Denken eine wichtige Rolle. Wir alle sind Meister in der Anwendung *formaler Logik:* Deduktion und Induktion gelten als Garant verlässlicher Ergebnisse, vor allem in der Synthesephase. Fruchtbare Synthesen sind eher von einer, wie Pierce es nannte, *abduktiven Logik* zu erwarten. Seine *logical leaps of the mind* (Gedankensprünge) basieren auf Intuition und Imagination, weil ihre Gültigkeit zum Zeitpunkt des Entstehens nicht nachweisbar ist. Sie öffnen jedoch den Blick des Designers auf etwas Neues, Wertvolleres (Martin, 2009, 64, 65). Gute Designer suchen in der Orientierungsphase nicht nach Bekanntem, Erwartbarem, sondern nach Überraschendem, Verwirrendem, das es zu deuten gilt.

Prinzipien, Mindset und neue Logik im Denken können das Verhalten in Organisationen nachhaltig verändern. Auch tragen sie dazu bei, alte „Business-Logiken", die auf geltenden Bestimmungen z. B. beim Besitz-, Verfügungs-, Arbeits-, und Bilanzrecht basieren, mit neuen zu verknüpfen, bei denen die Organisation von Information eine zentrale Rolle spielt (Hidalgo, 2015; Strikwerda, 2015). All das wäre ganz im Sinne transformativer Absichten.

6.3   NEO-Design-Prozess

In Abschn. 4.5 wurden die Anforderungen an eine Methode skizziert, mittels derer Organisationen resilienter und nachhaltiger werden können. Im Folgenden werden, gemäß dem DT-Prozess, die Phasen im *NEO-Design-Prozess* beschrieben.

1 – *Verstehen*
Die Kategorien und Kriterien im NEO-Haus bilden den Orientierungsrahmen zur Beurteilung und Entwicklung von Organisationen. Ihn gilt es zu verstehen.

2 – System erkunden
Durch Befragung der Verantwortlichen werden systemspezifische Merkmale der Organisation erfasst und die Erfüllung der NEO-Kriterien auf numerischen Skalen von 0 bis 10 bewertet.

3 – Synthese bilden
Die gewonnenen Daten werden verarbeitet und weisen auf Bedarfe hin, die mit den Verantwortlichen erörtert werden. Missverständnisse und Fehldeutungen können ausgeräumt werden.

4 – Ideen generieren
Die NEO-Designer suchen nach bedarfsgerechten Lösungen, die im Rahmen eines Workshops entwickelt werden können.

5 – Prototypen entwickeln
Der Prototyp im Neo-Design-Prozess ist ein Workshop, in dem relevantes Wissen vermittelt, Handlungsimpulse gesetzt und Aktionspläne zur Umsetzung des Lösungsvorschlags erstellt werden sollen. Dieser Workshop wird geplant.

6 – Testen
Mit Durchführung des Workshops durchläuft die Lösung ihren ersten Test.

7 – Ergebnisse evaluieren, Lösung weiterentwickeln
Der NEO-Design-Prozess und die Erfahrungen mit dem Lösungsvorschlag werden evaluiert, sodass sowohl der Prozess als auch die Lösung weiterentwickelt werden können, ggf. in mehreren Zyklen.

Der skizzierte Prozess wurde bisher in drei sehr unterschiedlichen Organisationen erprobt: in einer Anwaltskanzlei, bei einem Gesundheitsdienstleister und in einer Realschule. In allen Fällen erwies sich die Relevanz der NEO-Kategorien und -Kriterien, deren Ausprägungen mit Hinblick auf Anspruch und Ziele der Organisation Grundlage zielführender Lösungen wurden. Verbesserungsbedarf ergab sich bei der Formulierung der Kriterien, deren Ausprägung durch Selbsteinschätzung beurteilt wurde. Sie sollten sprachlich der Begriffswelt der Organisation angepasst sein (beispielsweise wirkt das Kriterium *Disruptive Veränderungen im Geschäftsfeld* in der Resilienz-Kategorie *Gefährdung* auf Schulvertreter befremdlich). Weiterhin wurde ein „Pre-Check" erarbeitet, um eine optimale Auswahl der „Fälle" und Einstimmung der Beteiligten auf den Prozess zu gewährleisten.

Fazit und Ausblick 7

Die prägende Rolle von Organisationen in modernen Gesellschaften begründet ihr Potenzial, die Transformation der Gesellschaft zu mehr Nachhaltigkeit zu beschleunigen. Dazu müssen sie *bestandsfähig* sein. Erfolgsfaktoren sucht man klassischerweise entlang struktureller Besonderheiten, durch die sich kleine und große Unternehmen, Behörden, Schulen und Hochschulen, Institute, Verbände und andere Organisationen unterscheiden. Gemeinsam ist ihnen jedoch der *Systemcharakter.* Organisationen sind soziale Systeme, die im Austausch mit Systemen ihres Umfeldes Nutzen stiften und „Störungen" ohne Beeinträchtigung ihrer Nützlichkeit verkraften müssen. Dafür benötigen sie Resilienz. Die sozial-ökologische Forschung bietet Prinzipien für die Resilienz adaptiver, sozialer Systeme, deren Akteure schwer kalkulierbare Effekte in multiplen Raum-/Zeitdimensionen erzeugen. Systemisches Denken in Organisationen kann „blinde Flecken" verhindern, mit denen zu rechnen ist, wenn man Merkmale isoliert vom Systemganzen betrachtet und vermeintlich „optimiert". Design Thinking trägt dazu bei, Organisationen systemgerecht zu gestalten. Mit seinen Methoden können komplexe Aufgaben gelöst werden, sofern man sie mit dem nötigen Mindset und „neuen Logiken" verknüpft.

Die Prinzipien und konstitutiven Aspekte der sozial-ökologischen Resilienz formen zusammen mit Nachhaltigkeits-Kategorien des integrativen Konzepts der Helmholz-Gemeinschaft die Architektur im „NEO-Haus". Ihr Wert für Organisationen beruht darauf, dass sie diese bestandsfähiger macht, ihre ökonomische, ökologische und soziale Nachhaltigkeit fördert und darüber hinaus drei wirkmächtigen Design-Prämissen gerecht wird. Dazu gehören erstens die neuartigen Herausforderungen der „Wissensökonomie". Zweitens gehört dazu die Tatsache, dass in sozialen Systemen Informationen verändert, verkürzt, missverstanden, ausgeblendet und vergessen, Positionen unangemessen verteidigt werden, Anspruch und Realität oft nicht zusammenpassen und „Denkfehler" an

P. Kinne et al., *Organisationen als Transformationsbeschleuniger*, essentials, https://doi.org/10.1007/978-3-662-65530-6_7

der Tagesordnung sind. Und drittens gehört dazu die Notwendigkeit, systemkritische Gegensätze aufzulösen. Organisationen, die NEO-Haus-Kriterien erfüllen, sind nicht nur besser für den Umgang mit diesen Prämissen gerüstet, sondern können einer Gesellschaft auch die besseren Transformations-Impulse vermitteln. Zu den Erfolgsfaktoren transformationsfähiger Organisationen gehören perspektivische Vielfalt, ein geteiltes Bild von einer besseren Zukunft, eine Interaktionskultur, die auf reflexiver Offenheit und psychologischer Sicherheit basiert, Entschlossenheit, und dezentrale Wirksamkeit. Diese und andere Faktoren fördern kollektives Lernen, das wiederum umso leichter fällt, je gezielter man in Aus- und Fortbildung investiert. Letztlich entsteht transformative Kraft durch ein klares, normatives Bekenntnis, kombiniert mit kollektivem Überlebens- und Gestaltungswillen und der Fähigkeit, mit Komplexität souverän umzugehen. Die Voraussetzungen dafür muss Führung schaffen. Sie trägt Verantwortung für den organisationalen „Kulturwandel", der transformative Prozesse wesentlich mitträgt. Unter Beachtung systemischer Dynamiken und wichtiger Design-Prämissen müssten sich Kompetenzen entwickeln lassen, von denen mehr denn je nicht nur das Schicksal von Organisationen, sondern auch das Schicksal der Gesellschaft abhängt, die sie umgibt.

Durch Anwendung des NEO-Hauses in weiteren „Fällen" können neue Erkenntnisse gewonnen, konzeptionelle Grundlagen und Anwendungsbedingungen können reflektiert werden. Erstrebenswert ist die weitere Verbreitung des Instruments in nutzerfreundlichen Formaten.

Was Sie aus diesem *essential* mitnehmen können

- Vertieftes Verständnis von Transformation und Nachhaltigkeit
- Neue Sicht auf systemisches Denken
- Kenntnis belastbarer Resilienz-Kriterien für Ihre Organisation
- Bewusstsein für Herausforderungen im 21. Jahrhundert
- Wissen, wie Ihre Organisation zum Transformations-Beschleuniger werden kann

P. Kinne et al., *Organisationen als Transformationsbeschleuniger*, essentials, https://doi.org/10.1007/978-3-662-65530-6

Literatur

Argarwal, D., Bersin, J., & Lahiri, G. (2018). *The rise of the social enterprise*. Human Capital Trend Report, Deloitte Development LLC.

Argyris, C. (1999). *On organizational learning*. Blackwell.

Ashby, W. R. (1970). *An introduction to cybernetics* (5. Aufl.). Chapman & Hall (Erstveröffentlichung 1956).

Bangemann, A. (2007). Der Seerosenteich und das Wirtschaftssystem. *Humane Wirtschaft, 38*(1), 10–15.

Bazerman, M. H., & Moore, D. (2009). *Judgement in managerial decision making*. Wiley.

Becker, G. S. (1975). *Human capital: A theoretical and empirical analysis, with special reference to education*. University of Chicago Press.

Berger, P. L., & Luckmann, T. (1966). *The social construction of reality: A treatise in the sociology of knowledge*. Doubleday.

Biggs, R., Schlüter, M., & Schoon, M. L. (Hrsg.). (2015). *Principles for building resilience: Sustaining ecosystems services in social-ecological systems*. Cambridge University Press.

Brown, T., & Katz, B. (2009). *Change by design: How design thinking transforms organization and inspires innovation*. Harper Collins.

Brown Weiss, E. (1989). *In fairness to future generations. International law, common patrimony and intergenerational equity*. Transnational.

Burton, R. M. (2013). The future of organization design, an interpretative synthesis in three themes. *Journal of Organization Design, 2, 1.*

Carlgren, L., Rauth, I., & Elmquist, M. (2016). Framing design thinking: The concepts in idea and enactment. *Creativity and Innovation Management, 25,* 38–57.

Cinner, J. E., & Barnes, M. L. (2019). Social dimensions of resilience in social-ecological systems. *One Earth, 1*(1), 51–56.

Chapin, F. S., Carpenter, S. R., Kofinas, G. P., Folke, C., Abel, N., Clark, W. C., Olsson, P., Stafford Smith, D. M., Walker, B. O., Young, O., Berkes, F., Biggs, R., Grove, J. M., Nayloe, R. L., Pinkerton, E., Steffen, W., & Swanson, F. J. (2010). Ecosystem stewardship: Sustainability strategies for a rapidly changing planet. *Trends in Ecology and Evolution, 25,* 241–249.

Coleman, J. S. (1988). Social capital in the creation of human capital. *The American Journal of Sociology, 94,* 95–120.

Cyert, R. M., & March, J. G. (1963). *A behavioral theory of the firm*. Prentice Hall.

© Der/die Herausgeber bzw. der/die Autor(en), exklusiv lizenziert an Springer-Verlag GmbH, DE, ein Teil von Springer Nature 2022
P. Kinne et al., *Organisationen als Transformationsbeschleuniger*, essentials,
https://doi.org/10.1007/978-3-662-65530-6

D'Áveni, R. A. (1994). *Hypercompetition: Managing the dynamics of strategic maneuvering.* Free Press.

De Witt, B., & Meyer, R. (2004). *Strategy.* Thomson.

Dong, J., March, J. G., & Workiewicz, M. (2017). On organizing: An interview with James March. *Journal of Organization Design, 6,* 14.

Edmondson, A. (2019). *The fearless organization.* Wiley.

Ekardt, F. (2011). *Theorie der Nachhaltigkeit: Rechtliche, ethische und politische Zugänge – Am Beispiel von Klimawandel, Ressourcenknappheit und Welthandel.* Nomos.

Elkington, J. (1997). *Cannibals with forks. The triple bottom line of 21st century business.* Capstone.

Fathi, K. (2000). Die multi-resiliente Gesellschaft: Orientierungspunkte für die Corona-Krise und darüber hinaus. *Forschungsjournal Soziale Bewegungen, 33,* 1.

Folke, C., Carpenter, S. R., Walker, B., Scheffer, M., Chapin, T., & Rockström, J. (2010). Resilience thinking: Integrating resilience, adaptability and transformability. *Ecology and Society, 15*(4), 15. http://www.ecologyandsociety.org/vol15/iss4/art20/. Zugegriffen: 23. Mai 2021.

Foss, N. J., & Michailova, S. (2009). *Knowledge governance: Processes and perspectives.* Oxford University Press.

Franken, S. (2010). *Verhaltensorientierte Führung* (3. Aufl.). Gabler.

Frese, E., Graumann, M., & Theuvsen, L. (2012). *Grundlagen der Organisation* (10. Aufl.). Gabler (Erstveröffentlichung 1980).

Galbraith, J. R. (2012). The future of organization design. *Journal of Organization, Design, 1*(1), 3–6.

Garmezy, N. (1974). The study of competence in children at risk for severe psychopathology. In E. J. Anthony & C. Koupernik (Hrsg.), *The child in his family: Children at psychiatric risk.* (Bd. 3). Wiley.

Gigerenzer, G. (2008). *Bauchentscheidungen.* Goldmann.

Grober, U. (2013). *Die Entdeckung der Nachhaltigkeit. Kulturgeschichte eines Begriffs.* Kunstmann.

Grunwald, A. (2016). *Nachhaltigkeit verstehen.* Oekom.

Grunwald, A., & Kopfmüller, J. (2012). *Nachhaltigkeit.* Campus.

Habermas, J. (1981). *Theorie des kommunikativen Handelns, Band 2, Zur Kritik der funktionalistischen Vernunft* (4. Aufl., Bd. 2). Suhrkamp.

Hidalgo, C. A. (2015). *Why information grows: The evolution of order, from atoms to economies.* Basic Books.

Holden, E., Linnerud, K., Banister, D., Schwanitz, V., & Wierling, A. (2018). *The imperatives of sustainable development. Needs, justice, limits.* Routledge.

Holling, C. S. (1973). Resilience and stability of ecological systems. *Annual Review of Ecology and Systematics, 4,* 1–23.

Jackson, T. (2017). *Wohlstand ohne Wachstum. Leben und Wirtschaften in einer endlichen Welt.* Oekom.

Jensen, M. C., & Wruck, K. H. (1998). *Coordination, control, and the management of organizations: Course content and materials (3rd of 4 CCMO documents). SSRN eLibrary.* http://ssrn.com/paper=77969.

Judt, T. (2005). *Geschichte Europas von 1945 bis zur Gegenwart.* Hanser.

Kahneman, D. (2012). *Thinking, fast and slow.* Penguin books.

Kanter, R. M. (2009). *Supercorp: How vanguard companies create innovation, profits, growth, and social good.* Crown Business.

Karidi, M., Schneider, M., & Gutwald, R. (2018). *Resilienz – Interdisziplinäre Perspektiven zu Wandel und Transformation.* Springer.

Kinne, P. (2011). *Die Kunst, bevorzugt zu werden.* Publicis.

Kinne, P. (2013). *Balanced Governance – Komplexitätsbewältigung durch ausgewogenes Management im Spannungsfeld erfolgskritischer Polaritäten (AP 32).* FOM Hochschule.

Kinne, P. (2020). *Nachhaltigkeit entfesseln!* Springer.

Kolko, J. (2011). *The magic of design* (S. 43). Oxford University Press.

Kopfmüller, J., Brandl, V., Jörissen, J., Pateau, M., Banse, G., Coenen, R., & Grunwald, A. (2001). *Nachhaltige Entwicklung integrativ betrachtet.* Edition Sigma.

Kopfmüller, J., Nierling, L., Reichel, A., & Abiez, M. (2016). Postwachstumsökonomie und nachhaltige Entwicklung – Zwei (un)vereinbare Ideen? *TATuP – Zeitschrift für Technikfolgenabschätzung in Theorie und Praxis, 25*(2), 45–54.

Kormann, G. (2009). Resilienz – Was Kinder und Erwachsene stärkt und in ihrer Entwicklung unterstützt. *Gesprächspsychotherapie und Personenzentrierte Beratung, 4/09.*

Kühl, S. (2011). *Organisationen.* VS Verlag.

Lade, S. J., Walker, B. H., & Haider, L. J. (2020). Resilience as pathway diversity: Linking systems, individual and temporal perspectives on resilience. *Ecology and Society, 25*(3), 19.

Levinthal, D. A., & March, J. G. (1993). The myopia of learning. *Strategic Management Journal, 14,* 95–112.

Lewrick, M., Link, P., & Leifer, L. (2020). *Das Design Thinking Toolbook.* Vahlen.

Liedtka, J. (2000). In defense of strategy as design. *California Management Review, 42*(3), 8–30.

Liedtka, J. (2020). *A conversation with Prof Jeanne Liedka, Design thinking further, open HPI course.* Mastering Design Thinking in Organizations 2020.

Liegey, V., & Nelson, A. (2020). *Exploring degrowth: A critical guide.* Pluto Press.

Loos, W. (2006). *Unter vier Augen: Coaching für Manager.* Kohlhage.

Loske, R. (2016). *Politik der Zukunftsfähigkeit. Konturen einer Nachhaltigkeitswende.* Fischer.

Luhmann, N. (1984). *Soziale Systeme.* Suhrkamp.

March, J., & Simon, H. (1993). *Organizations.* Blackwell.

Martin, R. (2009). *The opposable mind.* Harvard Business Review Press.

Martin, R. L. (2020). *When more is not better* (S. 100–106). Harvard Business Review Press.

McChesney, C., Covey, S., & Huling, J. (2012). *The 4 disciplins of execution.* Simon & Schuster.

Meadows, D. (1972). *Die Grenzen des Wachstums.* Deutsche Verlagsanstalt.

Micheli, P., Wilner, S., Bhatti, S. H., Mura, M., & Beverland, M. B. (2019). Doing design thinking: Conceptual review. *Journal of Product Innovation Management, 36*(2), 124–148.

Miller, J. (2011). *Examined lives: From Socrates to Nietzsche* (S. 268–273). Farrar, Strauss & Giroux.

Müller, M. (2007). Eine Welt voller Unruhe – Das Doppelgesicht der Moderne. In S. Rudolph (Hrsg.), *Wachstum, Wachstum über alles? Ein ökonomisches Leitbild auf dem Prüfstand von Umwelt und Gerechtigkeit* (S. 197–220). Metropolis.

North, D. C. (1990). *Institutions, institutional change and economic performance.* Cambridge University Press.

Olsson, L., Jerneck, A., Thoren, H., Persson, J., & O'Byrne, D. (2015). Why resilience is unappealing to social science: Theoretical and empirical investigations of the scientific use of resilience. *Science Advances, 1*(4), e1400217.

Osann, I., Mayer, L., & Wiele, I. (2020). *Design Thinking Schnellstart.* Hanser.

Paech, N. (2012). *Befreiung vom Überfluss: Auf dem Weg in die Postwachstumsökonomie.* Oekom.

Parodi, O. (2015). The missing aspect of culture in sustainability concepts. In J. Enders & M. Remig (Hrsg.), *Theories of sustainable development* (S. 169–187). Routledge.

Pascale, R. T., & Athos, A. (1981). *The art of Japanese management.* Simon and Schuster.

Peters, T. J., & Waterman, R. H. (1982). *In search of excellence: Lessons from America's best-run companies* (S. 13 ff.). Harper & Row.

Petschow, U., aus dem Moore, N., Pissarskoi, E., Bahn-Walkowiak, B., Ott, H., Hofmann, D., Lange, S., Korfhage, T., Schoofs, A., Wilts, H., Best, B., Benke, J., Buhl, J., Galinski, L., Lucas, R., Koop, C., Werland, S., & Berg, H. (2020). *Ansätze zur Ressourcenschonung im Kontext von Postwachstumskonzepten.* UBA-Texte 98/2020. UBA.

Pfeffer, J., & Sutton, R. I. (1999). *The knowing-doing-gap: How smart companies turn knowledge into action.* Harvard Business School Press.

Pitz, S. M. (2018). Subjektivierung von Nachhaltigkeit. In S. Neckel, et al. (Hrsg.), *Die Gesellschaft der Nachhaltigkeit* (S. 85–91). Transcript.

Porter, M. E., & Kramer, M. (2011). Creating shared value: How to reinvent capitalism and unleash a wave of innovation and growth. *Harvard Business Review, 89,* 62–77.

Rawls, J. (1979). *Eine Theorie der Gerechtigkeit.* Suhrkamp.

Richters, O., & Siemoneit, A. (2017). *Fear of stagnation. A review on growth imperatives.* VÖÖ Discussion Paper, Nr. 6. VÖÖ.

Roberts, J. (2004). *The modern firm: Organizational design for performance and growth.* Oxford University Press.

Rogall, H., & Gapp-Schmeling, K. (2021). *Nachhaltige Ökonomie Band 1: Grundlagen des nachhaltigen Wirtschaftens* (3. Aufl.). Metropolis.

Roghé, F., Toma, A., Scholz, S., Schudey, A., & Koike, J. (2017). *Boosting performance through organization design.* Boston Bonsulting Group. https://www.bcg.com/public ations/2017/people-boosting-performance-through-organization-design. Zugegriffen: 1. Dez. 2020.

Roos, G., Roos, J., Dragonetti, N., & Edvinsson, L. (1997). *Intellectual capital: Navigating in the new business landscape.* University Press.

Roth, G. (2019). *Warum es so schwierig ist, sich und andere zu ändern.* Klett Kotta.

Rüegg-Stürm, J. (2004). Das neue St. Galler Management-Modell. In R. Dubs (Hrsg.), *Einführung in die Managementlehre.* Haupt.

Schneidewind, U. (2018). *Die große Transformation.* Fischer.

Schreyögg, G., & Eberl, M. (2015). *Organisationale Kompetenzen.* Kohlhammer.

Schumpeter, J. A. (1931). *Theorie der wirtschaftlichen Entwicklung* (3. Aufl., S. 100 f.). Leipzig (Zitiert nach Vahs, D., & Brem, A. (2015). *Innovationsmanagement*).

Schwab, K. (2016). *The fourth industrial revolution.* World Economic Forum.

Seidl, I., & Zahrnt, A. (Hrsg.). (2019). *Tätigsein in der Postwachstumsgesellschaft.* Metropolis.

Sen, A. (1985). *Commodities and capabilities*. North-Holland.

Senge, P. M. (1990). *The fifth discipline. The art & practise of the learning organization*. Random House.

Simon, H. A. (1972). Theories of bounded rationality. In C. B. McGuire & R. Radner (Hrsg.), *Decision and organization* (S. 161–176). North-Holland.

Simon, H. A. (1997). *Administrative behavior: A study of decision-making processes in administrative organizations* (4. Aufl.). Free Press.

Soentgen, J. (2016). Nachhaltigkeit als Nießbrauch: Das römische Rechtsinstitut des usus fructus und seine systematische Bedeutung für das Konzept der nachhaltigen Nutzung. *GAIA – Ecological Perspectives on Science and Society, 25*(2), 117–125.

Statista Erwerbstätige: https://de.statista.com/themen/81/erwerbstaetige/. Zugegriffen: 13. Mai 2021.

Strikwerda, J. (2012). Organization design in the 21st century: From structure follows strategy to process follows proposition. *SSRN eLibrary, 169*.

Strikwerda, J. (2014). Shared service centers: From cost savings to new ways of value creation and business administration. In T. Bondarouk (Hrsg.), *Shared services as a new organizational form* (Bd. 13, S. 15). Emerald.

Strikwerda, J. (2015). De CFO: Een duizendpoot en nog niet voldoende. *Holland Management Review, 164*, 63–70.

Uebernickel, F., & Gerken, L. (2020). *Global design thinking survey on implementation practices in organizations*. Past-Present-Future. Open HPI-course: Mastering design thinking in organizations 2020.

UNCSD – United Nations Commission on Sustainable Development. (1996). *Indicators of sustainable development. Framework and methodologies*. United Nations

v. Carlowitz, C. (2012). *Sylvicultura oeconomica Hausswirthliche Nachricht und Naturmäßige Anweisung zur Wilden Baum-Zucht. Faksimile der Erstauflage Leipzig 1713*. Kessel.

v. Weizsäcker, E. U., & Wijkman, A. (2018). *Wir sind dran*. Gütersloher Verlagshaus.

Walker, B., & Salt, D. (2006). *Resilience thinking. Sustaining ecosystems and people in a changing world*. Island Press.

Walker, B., Holling, C. S., Carpenter, S. R., & Kinzig, A. (2004). Resilience, adaptability and transformability in social-ecological systems. *Ecology and Society, 9*(2), 5.

Weick, K. E., & Sutcliffe, K. M. (2015). *Managing the unexpected*. Wiley.

Wolff, E. L. (2019). *Design thinking coming of age*. Master thesis May 2019. University of St. Gallen.

WCED – World Commission on Environment and Development. (1987). *Our common future*. Oxford University Press.

Printed in the United States
by Baker & Taylor Publisher Services